JN096752

そうだったんだ！中小企業研修

【編著】上井　光裕

【著者】岩出　優

　　　品川　充哉

　　　和氣　俊郎

　　　齋藤　暁

三惠社

まえがき

　本書は、現役の 5 人の中小企業診断士が、中小企業様向けに実際に行なっている企業研修の事例を集めたものです。

　同じ中小企業診断士と言っても皆、専門分野が異なり、一芸に秀でている者たちが集まって、執筆をしています。

　企業研修をお考えで、本書を手に取った中小企業の皆様、本書を参考にしていただきますようお願い致します。

　また診断士は、一般の研修講師と異なり、企業経営の上流からご相談に乗り、経営に必要な研修をご提案することもできます。中小企業診断士をご活用ください。

令和元年 12 月

上井光裕

目　　　次

第1章　中小企業と企業研修

1．初めに

　本書を手に取られた読者の方は、企業研修に興味をお持ちの方だろうか。ここでは、中小企業の企業研修の実情、次に本書に収められた企業研修の概要、そしてその講師となる中小企業診断士・社会保険労務士について概要を話したい。

　本書を手に取って頂いた読者の方々のお役に立てば幸いです。

2．企業研修の実情

　平成 28 年度厚生労働省能力開発基本調査によれば、職場を離れて実施する研修、いわゆるOFF―JTを実施している事業所は、正社員で従業員 30 人以上の企業でも 5 割以上ある。

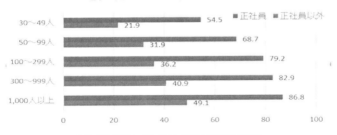

OFF-JTを実施している事業所の割合（％）

出典:厚生労働者　平成28年度能力開発基本調査

そして、実施した内容は、トップが「新規採用者」を対象、二番目が管理職である「マネジメント層」を対象、三番目はその中間の「中堅社員」を対象とした企業研修である。またそれ以外にも、ビジネスマナーや新規管理者、技能の習得、コミュニケーション能力なども決して少なくはない状況である。

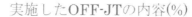

実施したOFF-JTの内容(%)

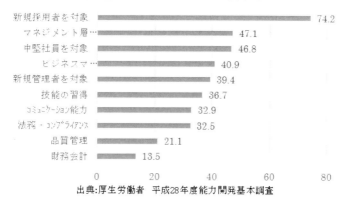

出典:厚生労働者　平成28年度能力開発基本調査

３．本書で取り上げた研修とその領域

　本書では５人の研修講師が、各々自分の専門分野の企業研修について執筆している。その領域について整理してみたい。

　図１－１は、縦軸に企業従業員の階層、横軸に専門領域を置いて、研修をプロットしてみたものである。

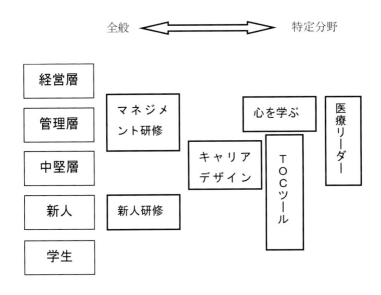

図1—1　本書の研修マップ

　図1—1のように、本書に収録された研修の種類は少ないものの、それでも全般から特定分野、学生・新人から管理者層までバラエティに富んだ結果となっている。それでは、個々の研修について概要を見ていきたい。

4．各研修の概要
（1）マネジメント研修
　研修の中でも二番目に多く実施されている研修である。主に管理者に昇格する際に実施することが多いため、初級管理者用のカリキュラムを述べ、そのカリキュラムに沿って話を進めている。

初日の「経営管理の日」では、経営の基本、SWOT 分析、因果関係分析について、二日目、三日目は、「人事と人材の日」として、人事考課、リーダーシップ、仕事の教え方からＯＪＴ、コーチング・面接演習を取り入れている。四日目は、「文書とＩＴの日」として、文書の作成、プレゼンの演習を行う。最終五日目は、「財務とプレゼンの日」として、午後からは、経営陣の前で受講生が準備してきたプレゼンを行い、長い研修を終了する。

　約半年の期間に亘る研修であるが、研修で身につけたツールを使う課題を与え、その結果を翌月発表する。研修は学んだツールをすぐに使わないと鮮度が落ちるためである。

　また、従業員特性調査ツールや、複数企業が集まって研修する際のコツなどを説明している。

（2）新人研修

　企業研修で最も多く実施されている研修である。４月は新人研修の季節である。新人研修で行うべき事項は、企業によっても大きくは違わない。

　まず、社会人としての心構え、ビジネスマナー。本研修では、心構えは、ビジネス能力検定テキストを使用している。時代の変化を捉えて改訂されるためである。

　その後は、最近受講生の能力が下がって重要になってきた、コミュニケーション研修である。コミュニケーションでは、レゴによる意思の伝達ゲーム、電話の受け方・掛け方、アサーション、そしてジョハリの窓を行っている。最後は、経営陣を前にした研修成果の発表プレゼンである。

（3）心を学ぶ管理者研修

　この研修は、社会保険労務士として活躍してきたした筆者が、「法律・ルール」に基づくマネジメントではなく、人間ならではの「感情」を重視した研修を提案しているものである。

　この研修は、ワークを中心として進める内容で、ワークは個人ワークとグループワークがある。ワークの種類だけでも、「組織の人材活用」、「退職理由の建前と本音」、「有名人で理想の上司」、「自身の管理職としての振り返り」、「パワハラでの影響」、「エゴグラム診断」、「最近の自身の行動」、「感情を表す言葉」、「働く上での充実感」、「組織の成功の改善」、「遅刻の多いスタッフの理由」と、多岐に亘る。

　実際にどのような研修になるのか、受講生になって考えると楽しみな研修である。

（4）キャリアデザイン開発研修

　終身雇用が崩れつつある等変化の大きな時代であるので、サラリーマンでも在職中に自らのキャリアを開発していく意識を持つ必要性が大きくなっており、30歳前後の中堅社員を対象にした、研修である。

　研修は、まず、15～20年後のなりたい自分をイメージし、厳しい将来見込みを理解する。そして、自身のライフプランの作成演習を行う。

　さらに、自身の理解を深め、将来に対する不安と対応策を考えてみる。同時に現状の会社・社会制度を理解した上で、先輩社員の経験談を聞くこと等により、自身の人生の各段階における役割を考えていく。

　そして、キャリアデザイン開発に有効な対策を考え、最後は人生

100 年時代のキャリアデザインまで触れる。

　従業員の立場だけではなく、会社経営の観点からも今後重要性を増すと見込まれるので、中小企業の中堅・若手社員にも是非、受講させてみたい研修である。

（5）ＴＯＣツールによる研修

　ＴＯＣは、制約理論のことである。ただしこの研修では制約理論そのものは知る必要はない。興味があるなら、小説「ザ・ゴール」、「ザ・ゴール２」をお読みいただきたい。

　この研修では、制約理論の思考法から、3 つの手法の講義を受ける。ものごとのつながりを考える「ブランチ」、意見の対立について考える「クラウド」、目標を達成する方法を考える「アンビシャス・ターゲット・ツリー」である。これらのツールそのものはそれほど難しくはない。

　研修は、最も関心のあるテーマを受講生が選んで、スタートする。そしてグループワークで、付せんをホワイトボードに貼ったり、動かしたりして、結論を見い出していく。その過程でコミュニケーションが良くなり、チームビルディングにも効果がある。

　筆者もこの研修に参加したり、自身の研修に中に取り入れたりしているが、いずれも当初狙った以上の効果が出ている。

　本書では、管理職研修の中に取り入れた例や、新人研修での例が書かれている。さらにこの研修、学生や生徒までも適用できる幅広いツールであることも紹介しておこう。

（6）医療法人等におけるリーダー育成研修

　講師は、医療法人へのコンサルティング経験が 20 年と経験が豊富

である。本書では、その経験を活かして、医療の世界やその従事者、取り巻く環境などを突っ込んで執筆している。そして医療リーダーとして求められる研修ニーズについても、的確に把握している。

　研修内容は、まず、モア・レスシートやウォンツ・コミットメントシートを用いた理念・理念の達成を、次に業務プロセスの見直しとして「ダラリ」、（ムダ、ムラ、ムリ）を排除する検討を行う。そして部下のやる気を最大限に発揮させるコーチングに入る。最後は、チームビルディング研修となる。

　この研修は、一般のリーダー研修に、医療リーダーとして必要なスキルを加えた、講師の深い専門知識があっての研修となっている。

５．プロ講師養成講座
（１）講座の受講生
　本書の執筆者・研修講師は、いずれも中小企業診断協会の「プロ講師養成講座」の出身者である。この講座は、中小企業診断士や社会保険労務士を対象にして、プロのセミナー講師を養成する講座である。2019 年には講座のスタートから 20 周年を迎えた。私もこの講座で 6 年間学習を続けてきた。その卒業生が集まって、本書を執筆したものである。

　プロ講師養成講座について、もう少し解説しよう。受講対象は中小企業診断士や社会保険労務士である。この方達の多くは企業に勤めた経験を持つビジネスパーソンで、専門領域を持った、いわゆるキャリア・アンカーを持った人達で、さらに受験勉強して国家試験に合格した人達である。

　ところが、プロの診断士や社労士で収入を得ようとすると、収入

を得るためのキャリアがまだ足りない。そこで、この講座で学習し、スキルを得て、プロの講師として育ち、収入を得ていくのである。

　自分の持つキャリア・アンカーをさらに上乗せして、（これをキャリア・サバイバルと言う）、研修講師のスキルを加えて、プロとして活躍していくのである。

　もちろん、研修講師から研修先の企業様と、さらに顧問契約し、企業診断の世界に入る診断士も多い。

　従って受講生は、40歳代から60歳代まで、キャリア・アンカーはあるが、キャリア・サバイバルをしたいという、ライフステージの異なった受講生が集まる。

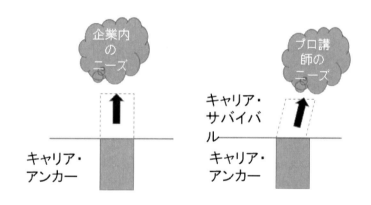

図1−2　キャリア・アンカーとキャリア・サバイバル

（2）講座のカリキュラム

　最後に、プロ講師養成講座のカリキュラム概要を紹介しよう。講

座期間の前半、半年は、講座リーダーから管理者研修の講義とグループ討議、プロ講師としての心構え、スピーチの演習などである。後半、半年は、各受講生が自分の研修商品を作る。その商品を一人1時間から1時間半ほど、プレゼンテーションを行う。そして、他の受講生が、そのプレゼンを評価する。時には厳しい意見も飛ぶ。プロの講師になれば、悪いプレゼンは、どこが悪いかなどは、クライアントから言ってもらえない。ただ、契約が打ち切られるだけである。従って、この場での指摘は重要なものになる。

　ちなみに、筆者はこれまで全部で6回、プレゼンを行っており、どの研修商品も一定の売上を上げている。

第2章　管理者養成研修

1．初めに

　中小企業診断士の業務に「研修」がある。筆者は、独立して8年、これまで主にガス業界の中小企業の研修を実施してきた。中でも階層別マネジメント研修を 10 社ほど実施してきたため、その実績をベースに標準的な「マネジメント研修」としてまとめたものである。今後マネジメント研修を企画する際の参考にしていただきたいと思う。

（1）マネジメント研修のニーズ

　平成 28 年度厚生労働省能力開発基本調査によれば、ＯＦＦ－ＦＴを実施している事業所は、正社員で従業員 30 人以上の企業でも 5割以上あり、マネジメント研修は新規採用者研修に次いで、5 割近くの事業所で実施されている。（グラフは第 1 章を参照。）

　そこで今回は、従業員 30 人以上 300 人未満程度の中小企業を対象とした、初級マネジメント研修について、その内容や効果について、まとめてみたものである。

（2）マネジメント研修に入れるべきスキル

　マネジメントに求められるスキルは、ハーバード大学のカッツ教授によれば、コンセプチュアルスキル、ヒューマンスキル、テクニ

カルスキルの3つのスキルを上げている。上級管理者になればコンセプチュアルスキルが多く、初級管理者はテクニカルスキルが占める部分が多い。ヒューマンスキルはどの階層でも等しく求められる。

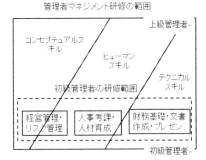

管理者マネジメント研修の範囲

そこで、今回は、ヒューマンスキルを中心に、コンセプチュアルスキルを入れてマネジメント研修とした。なお、テクニカルスキルは業種によって求められるものが異なるケースが多く、業種を問わないものを取り入れた。

２．初級管理者研修のカリキュラム

　階層別研修は、多くの研修会社から提案されているが、上記の必要とされるスキルからカリキュラムを作成した。人事考課・人材育成といったヒューマンスキルを中心に、企業の課題分析としてのコンセプチュアルスキル、財務基礎やプレゼンテーション等のテクニカルスキルを、筆者の研修実績と実施した企業さんのニーズと振り返りからカリキュラムを設定した。なお、研修は月に一回開催として、研修後は課題を出し、次回履修結果を発表するという想定である。

	テーマ	午前	午後	研修後の課題(次回発表)
第1日	経営管理	経営の基本	SWOT・因果関係分析	自職場の因果関係分析
第2日	人事と人材	人事考課	リーダーシップ、仕事の教え方	1分間プレゼン
第3日	人事と人材	ＯＪＴ	コーチング・面接	ＯＪＴ計画と面接
第4日	文書とＩＴ	文書の作成	プレゼンの基礎	プレゼン演習
第5日	財務とプレゼン	財務の基礎	プレゼン本番	

３．経営管理・リスク管理研修

（１）ＳＷＯＴ分析

　最初のコンセプチュアルスキルの代表は、「我が社の課題分析」である。診断士にはおなじみのＳＷＯＴ分析を使うが、初級管理職に、いきなりＳＷＯＴ分析は難しい。

　従って、まず自分の周囲や職場、社会の変化を思い浮かべて列挙してもらう。これがＳＷＯＴの外部環境になる。

　次に内部資源について列挙してもらう。多くの研修では、会社の強みはあまり出ず、弱みは目につき、数も多い。そして弱みの大小、粒の大きさも異なって列挙されることが多い。

SWOT分析から因果関係分析へ

O　機会	T　脅威
S　強み	W　弱み

（２）因果関係分析

　実際の問題は複雑に絡み合っていて、その原因や結果、根源的な真因などが混在している。そこで、ＳＷＯＴ分析で出された弱み（問題点）を、１項目ずつ総当たりで原因と結果の関係を調べていく。

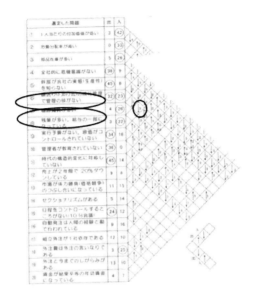

因果関係分析の例

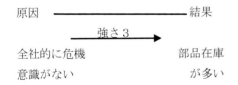

原因 ——————————————— 結果

強さ3 →

全社的に危機　　　　　　　部品在庫
意識がない　　　　　　　　が多い

　そして因果関係の得点を合計して、得点によりグループ全員の合意で真因を見つけるのが、因果関係分析である。
　筆者の経験によれば、「我が社の本質的課題」をテーマとすると、業界企業の多くは、①人材不足、②危機意識が少ない、③受注先が

偏っている、がベスト3であった。

最後に、コンセプチュアルスキルの演習として、真因の解決策を
レポート等で求めるのがいいだろう。

（3）リスクマネジメント

管理職になると、定常的に
は起きないが、発生すると影
響の大きいリスクをマネジメ
ントする必要が出て来る。そ
こでコンプライアンスの課題
を含むリスク管理研修を行う。

自社のコンプライアンス推
進体制としくみを作成・周知
し、業界や自社のリスク、職

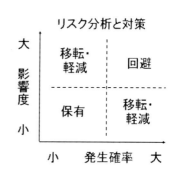

場のコンプライアンス課題やリスクをグループになって洗い出し、
マップに落とす。

リスクマップは、横軸に発生頻度、縦軸に発生した時の影響度を
取る。そして象限ごとに対策が異なることを理解し、プロットした
事象について対策を検討していく。

対策は、保有、移転(保険などの対策)、軽減、回避の4種類で、
例えば、影響度大：大地震が発生、発生確率大：首都圏で頻繁に起
きる、なら、その事業は事象から回避策を取る、つまり事業を廃止
する。影響度小：電車の遅延で、発生確率小：めったに起きないな
ら、そのリスクは保有である。このようにグループの同意で、一つ
ずつ対策を検討していく。典型的なリスク課題は、事例を事務局で
提供し、共有化する。またこの手法は、受講生が持ち帰り、自分の

職場に当てはめて分析するようにすることも有効である。

　筆者の経験した企業さんは、業種特性もあるのであろうか、交通事故と個人情報の紛失リスクが多く出されていた。

４．人事考課・人材育成研修
（1）リーダーシップ研修

　リーダーシップの研修は、数多く提案されているが、ここでは比較的簡単で、実践的なチームによる模擬建物の組み立てを紹介する。

　数人が1チームになり制限時間内で、割りばしやストロー等で模擬的にタワーや橋を組み立てる。1回目の作業では、時間内にチキンと組み立てるのは難しい。それは、リーダーがいないこと、チーム員の役割が不明確なことが原因である。
振り返りを行って2回目にチャレンジすると、リーダーを決めて、材料、加工、組立て、タイムキーパー等の役割を分担し、見事に組織力を発揮して完成する。

　この研修では、リーダーシップのもと、短時間で「組織」を体験し、組織に必要なこと、①材料の制約という原価管理、②制限時間という工程管理、③安全で高い建物という品質管理、を体験してもらう研修である。

（2）人事考課とプロセス研修

　人事考課や人材育成は、ヒューマンスキルの中心的課題である。人事考課研修は、まず当該企業様の人事考課方式・流れを確認する。そして、人事考課者の陥りやすい誤りを学習する。誤りは中小企業診断士試験にも出題される内容のため細部は省略する。

　この後、事例を 10 ケースほど検討する。以下は、実際の中小企業さんで遭遇したケースである。Aさんの行動について、まず受講者個人が 5 段階で評価した。その後同じ内容をグループで評価をしたが、メンバー間で評価が 2 段階異なる場合が出てきた。3 を平均とすると 4 と 2、つまり被評価者一人の行動をやや良いとする考課者とやや悪いとする考課者がいた。同じ企業でこれはまずい。これを徹底的に議論し収束させた。この作業を通じて当該企業における公正な評価方法を身につけていただいた。

（3）簡単な作業による仕事の教え方研修

　簡単な作業によって、上司に仕事の教え方の気づきを与えるものである。まず、講師が受講生に、写真のような二本のひも(コード)を一定の方法で結んで見せる。次に受講生に実際にやってもらう。一見簡単そうだが、これがなかなか難しい。講師が、「あなたが普段教えている部下も実はわかっ

ていないんですよ」と言い、教える難しさを実感してもらう。そして受講生に教え方のスタイルを見直してもらう研修である。

　筆者も実際、何度か研修に使っているが、3 ステップで結べる簡単そう

な内容でも、5〜10 回程度繰り返して教えるとやっと結べるようになる。そのくらい仕事を教えるのは難しいということを実感できる。

（4）ＯＪＴ計画書の作成

　ＯＪＴは、経営資源に制約のある中小企業においては優れた教育手法である。

> 用語解説：OJT　OJT とは、職場の上司や先輩が、部下や後輩に対し具体的な仕事を与えて、その仕事を通して、仕事に必要な知識・技術・技能・態度などを**意図的・計画的・継続的**に指導し、修得させることによって全体的な業務処理能力や力量を育成する活動である。（出典：ウィキペディアOJT最終更新 2016 年 10 月 24 日（月）10:23 より）

　ＯＪＴの課題は、指導者が正しく手法を理解し、継続できるか否かである。実際、筆者の診断経験でも、つい仕事が優先し、せっかく作ったＯＪＴ計画も中断することが多い。そこでＯＪＴの目的や手法について研修を行っている。

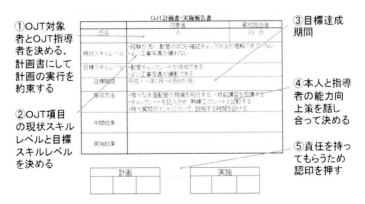

①OJT対象者とOJT指導者を決める、計画書にして計画の実行を約束する

②OJT項目の現状スキルレベルと目標スキルレベルを決める

③目標達成期間

④本人と指導者の能力向上策を話し合って決める

⑤責任を持ってもらうため認印を押す

OJTは思いつきで行うものではなく、意図的、計画的、継続的に行う必要があり、研修ではOJT計画書の作成方法を学び、実際に計画書を作成してもらう。

OJT計画書は、作成するだけではなく、研修後課題として、実際に対象者と面接し，OJTを実施してもらうようにしている。実際1か月後の履修状況発表では、上手に行ったOJTや挫折したOJTが報告されている。

（5）コーチング研修

最近では多くの企業で取り入れられているコーチング研修、中小企業ではまだまだ普及していない。コーチングは、「傾聴」と、「承認」、そして「質問」が基本的な3つのスキルである。

コーチングの基本技術

傾聴	相手の話をよく聞く　ア：あいずち・アイコンタクト　イ：言い換え　ウ：促し　エ：笑顔で　オ：オウム返し
承認	相手を認めて、よければ褒める
質問	質問のうち、肯定質問・オープン質問・未来質問を多用する

あまり欲張らずにこの3つの基本スキルを身につけてもらうように、講義とペア演習を組み合わせる。

コーチングは一定のスキルが必要なため、コーチングの講師をするには机上だけでなく、スクールなどで基本を身につけるとよい。なお、コーチングに限っては、研修しても実際に使わないとすぐに忘れてしまうため、フォロー研修や職場で使ってもらうことを事後

課題とするなどの工夫が必要である。

日常の仕事の場面でのコーチング取り入れ

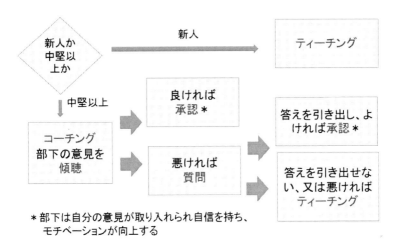

＊部下は自分の意見が取り入れられ自信を持ち、
　モチベーションが向上する

（6）模擬面接

　大企業では目標管理が導入されているため、期末や中間期の面接は徹底しているが、中小企業では実施していない企業も多い。そこで、業績面接を研修に取り入れている。一般的な業績面接では、部下が期初と期末に目標管理シートを提出し、その内容を上司が確認するスタイルである。

　研修では、目標管理シートを使って模擬面接を行うが、ロールプレイになるため、緊張感に欠ける場合が多い。そこで筆者は、ワイルドカードを用いて、緊張感を出している。ワイルドカードとは、5

枚のカードを伏せておいて、面接演習時に 1 枚引く。そこには、演習でシートに書かれていないことを訴えるとか、面接者が臨機応変に対応を求められることを書いておく。

面接者は、目標を達成した項目はほめ、未達成の項目は動機付けしなければならない。その上相手から意外な事実を話されても動揺しないように訓練するのが研修の目的である。

面接研修の例では、多くの上司は心でほめてはいるが、口では出しておらず、部下に伝わっていないケースが多く見られた。

5．財務基礎・文書作成・プレゼン研修

テクニカルスキルの研修は、業種や企業によって大幅に異なるが、ここでは共通なテーマについて解説する。

（1）財務の基礎

今まで財務状況などは縁のなかった人達に対する研修で、あまり時間も取れないため基本的な知識を研修する。内容は、貸借対照表と損益計算書の見方を知ってもらい、自分の仕事がどこの勘定科目に反映されているのか、自分

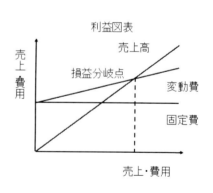

が努力したらどの勘定が改善されるのかを概略理解してもらう。

正直、講義をしてもピンとこない受講生が多い。そこで筆者は、勘定科目を固定費と変動費に分け、損益図表を作成してもらい、損

益グラフを書き、3 本の線が何を意味しているかを理解してもらう。そして売上アップや変動費・固定費のダウン等、自分の努力が何に反映されるかを理解してもらっている。また計算で損益分岐点も算出できるため、自社の採算ラインも理解できる。

（2）文書の作成

　筆者の業界は現場の監督の仕事が多く、文章の作成を苦手とする新人管理者が多い。そこで企業さんの要望により、文書作成研修を行っている。テーマは、社内用として事故報告、社内提出用として、顛末書である。自社で報告しなければならない状況と、受講生が報告書に盛り込むべき事項を箇条書きにして渡す。そして市販の文書の書き方書籍を人数分購入し、これらを使って演習する。演習用パソコンが人数分準備できれば実施するが、できないと宿題とする。市販の書籍は CD で様式が沢山ついているため、重宝しているようだ。

（3）プレゼンテーション

　研修の最後は、プレゼンテーションである。パワーポイントで資料を作成し、研修の最終回に経営層にプレゼンする。受講生は、物事をまとめて発表する経験をほとんどしておらず、この研修が最も緊張するようだ。

　受講生は、まずパワーポイントの学習から始める。筆者の研修では、当時、パワポを使ったことのない受講生が約 3 割であったが、最後は全員パワポでのプレゼンを実施している。以前はそれほど重要視されなかったプレゼンだが、現在は管理者必須のテクニカルスキルとなっているようである。

　プレゼンのテーマはこれまでの研修の感想や、課題の解決策など、

自分で見つけてもらい、資料作成後、講師が事前チェックする。そして話し方や時間の設定などを講義し、自宅などで演習をしてきてもらう。最終日は一人15分程度のプレゼンを経営層に対して行い、質疑応答をする。

この研修後、全面的にパワポのプレゼンを社内会議に取り入れた建設会社さんが現れた。

6．研修効果の向上策
（1）受講生の意識調査

せっかく貴重な時間を使って研修するのだから、効果的な研修をやりたい。そこで、筆者は、研修前に、受講生の特性調査を実施している。従業員特性調査ツール（Basmos）は、パソコンを利用して、一人10分程度の調査で、社会人基礎力診断と従業員満足度の両方が調査できるツールであり、中小企業の経営支援ツールとしても有効

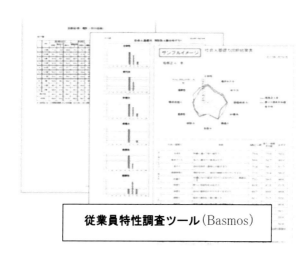

従業員特性調査ツール（Basmos）

である。筆者の場合、調査結果は、受講生、事務局、講師が共有化し、受講生の性格を掴み、研修に活用している。

　従業員特性調査ツール（Basmos）は、中小企業診断士なら安価で利用できる。

（2）　複数企業の合同研修の準備

　研修によっては、複数の企業が集まって一度に受講する場合がある。受講生同士が初対面で、企業のバックグラウンドが異なるため、複雑な課題の研修が難しい。筆者の場合、「対立解消の演習研修」が、このケースであった。

　そこで、対立解消では事務局で小説「下町ロケット」の文庫本を購入してもらい、受講生に事前に読んできてもらった。当日は、佃製作所の社長と営業部長の対立をテーマに、その解消方法を企業の背景も考慮してディスカッションしてもらい、解消手法が習得できた。

（3）　その他研修効果アップの工夫

　研修が複数回にわたる際には、日毎に各部の幹部の方にプレゼンをお願いしている。これは、同じ企業内でも他部署の幹部の方の話を伺う機会も少なくため、効果的である。また一日の研修終了時には、必ず振り返りをする。1 日でも色々なことを学ぶため、終わりに振り返りをする。

　研修が複数の日に及ぶ場合、例えば月に 1 回などの場合、研修内容の実践を課題として出題するのがよい。研修は学んだことを使って初めて効果を発揮するため、次回までに本日学んだツールを使ってみて報告させるのが効果的である。

（4）研修の評価と課題

　研修の評価は重要ではあるが、なかなか難しい。筆者は 1 研修が終了したら企業さんにレポートをしている。

　その中には、講師の所感、主な質疑、受講生のアンケート結果で、研修の定量評価（研修目的の達成度、講師の評価、研修の準備を各々5 満点）、定性評価（受講生の所感）を作成し、研修事務局へ報告している。短期的な評価はこのアンケートで評価できるが、長期的な評価は難しく課題と考えている。

7．終わりに

　一度顧客から評価して頂いた研修も時代とともに陳腐化する。各種法規やファシリテーション技術など常に新しいスキルを学んでおきたい。また、研修も一人では限界があるため、研修の一部を委託できる人的ネットワークを積極的に作っておきたい。

　診断士の仕事は研修が最終ゴールではない。信頼を得れば、研修の先の企業診断へ繋がっていく。

　なお、本稿は、マスターコース「プロ講師養成講座」での受講体験を一部活用している。講座関係者に謝意を表する。

第3章　新人研修

1．初めに

　第2章マネジメント研修に並んでニーズの高いのは、新人研修である。筆者は複数社の新人研修を担当してすでに5年になる。

　この体験から、新人研修の事例について紹介する。読者も参考にして頂きたいと思う。

（1）新人研修のニーズ

　1ページに掲載した、OFF－JTの調査結果を再掲する。最も多いのは、新規採用者を対象とした研修、即ち新人研修であり、企業では3／4が新人研修を実施している。中小企業では定期一斉採用と言う訳にはいかないが、それでも早期戦力化のため、多くの企業で実施されている。

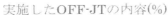

実施したOFF-JTの内容(%)

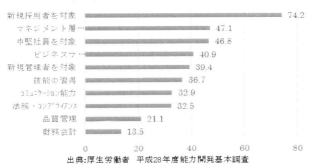

新規採用者を対象	74.2
マネジメント層…	47.1
中堅社員を対象	46.8
ビジネスマ…	40.9
新規管理者を対象	39.4
技能の習得	36.7
コミュニケーション能力	32.9
法務・コンプライアンス	32.5
品質管理	21.1
財務会計	13.5

出典:厚生労働者　平成28年度能力開発基本調査

（2）新人研修に取り入れるべきスキル

新人研修に取り入れるべきは、次の要素がある。

①　社会人としての心構え・ビジネスマナー

②　当該業界や企業特有のテクニカルスキル

③　コミュニケーション技術

特に新卒の場合は、社会人としての心構え、ビジネスマナーが必要である。これは企業特有のものはなく、新卒一斉採用時に等しく必要な知識・心構えになる。ビジネスマナーも同様で、これらは需要の多い4月に一斉に外部機関で教育を受けることが多いようだ。ただし、当該業界や当該企業特有の慣行などを教えておきたい場合は、企業内教育になる。

筆者が強調したいのは、③コミュニケーション技術である。このスキルは年々落ちているような気がしてならない。この研修もよいカリキュラムが見つかればいいが、見つからない場合は企業内の開催となる。以下、筆者の行ってきた研修を紹介する。

２．社会人としての心構え、ビジネスマナー
（1）研修後のプレゼンテーション

研修期間が1か月を超える長期に及ぶ場合は、研修成果の発表プレゼンテーションを行う。中小企業の場合は、社長を始めとする経営陣に対してである。

ただし、社会人となって初めての仕事であることから、十分の準備を指導する。図のようにパワーポイントで自己紹介、研修内容で感じたこと、これからの抱負などである。そして昨年の発表内容を見て参考にする。

次は、自己紹介の演習を行う。言いたいことを紙に整理して、そ

れを皆の前でしゃべる練習だ。1分バージョンと3分バージョンである。これは、新人、ほとんど上手にしゃべる。おそらくリクルート活動でふんだんに演習をしてきたのだろう。

　なお、社長等経営陣に対して新入社員がプレゼンテーションする機会は、中小企業ならではのイベントである。

プレゼン資料の構成

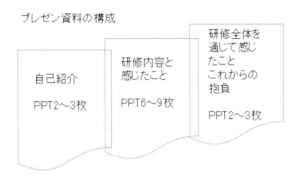

自己紹介

PPT2〜3枚

研修内容と感じたこと

PPT6〜9枚

研修全体を通じて感じたこと
これからの抱負

PPT2〜3枚

（2）社会人の心構えとビジネスマナー

　かなり定型的な内容である。筆者の場合は、「ビジネス能力検定2級」テキストと同問題集を全員分、会社に購入してもらい、読み合わせを行っている。そして区切りごとに問題集の該当部分を解いてもらう。読者の方も新人研修での

講師の講義は退屈であっただろう。演習問題を解くだけでもずいぶん記憶に残るようになる。

　また書籍になっているため、しばらくは捨てられることもなく、配属されて、疑問に思ったら振り返ることもできる。

　ビジネスマナーだけは、別になる。筆者は中小企業診断士で経営のプロではあるが、マナーのプロではない。マナーは身につけることはできるが、やはり、ＣＡさんなどの方が一枚上手だ。

　マナースクールなど、数多くあるため、そちらを受講するほうが、早いだろう。

3．コミュニケーション研修

　コミュニケーションといっても幅広い。新人研修で使っている技法のうち、レゴによる意思の伝達、電話の受けた方・かけ方、アサーション、ジョハリの窓の４つについて紹介する。

（1）レゴによる意思の伝達

　このゲームは、研修初期のほぼ初対面同士でも実施可能である。「伝達者」は、壁の後ろの完成品を自分の眼で見て、レゴの「組立者」にキチンと伝達し、これを実現するものである。うまく表現できない場合の訓練にもなる。

　1チーム数名、伝達者は、壁の後ろにある、レゴの完成品を見て、自チームに帰り、レゴの組立者にその様子を伝達する。組立者は、その情報をもとに、バラバラの部品を組み立てていく。もちろん制限時間、制限回数内なら壁の後ろの完成品を何度か観察することができる。また、他の参加者の役割は自由に設定できる。タイムキーパーや制限回数のカウンターだ。

　レゴの部品数に応じて、1回戦は20分程度がよい。これまでの実績でいうと、若い新人は、とにかく記憶がよく、早く組立ができる。講師は早く正確にできた場合は、ほめることが大切である。

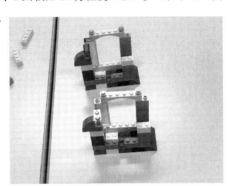

　ほめられて自信を持ってもらうのも研修成果の一つである。

（2）電話の受け方・掛け方訓練

　昔に比べると、電話の使用量はかなり減少しているようだ。しかし、依然代表電話での応対は重要だ。

　この研修、若い新人は特に苦手だ。ベテランは電話なんて慣れだ、俺らは2，3カ月で慣れてできるようになったもんだよ。と言う。しかし、若者は、自宅でイエデンを取らない。電話と言えば携帯電話で、直接知らない人に掛ける、受けるはしないのである。できないでそのままにしておくと、いつまで経っても電話は取れない。従って、新人研修の短い間だけでも慣れてもらうのが目的だ。

筆者だって、サラリーマン時代、特段電話対応はうまいとかではなかった。そこで、電話対応時技能検定を受験して3級を取得、この研修に備えた。

　まずは、第一声。これは会社の印象を決めるＣＭの働きをする。そこで、とにかく第一声の練習を繰り反す。他の人に聞いてもらうのが一番だ。

　次は、電話の受け方。シナリオを自分なりの受け方にアレンジして紙に書き、これを隣の新人と練習する。幸い、みな携帯電話を持っているから、ほんとに電話を掛けることができる。

　受け方ができるようになったら、いよいよ掛け方だ。こちらも準備した掛け方シナリオを新人なりにアレンジして書き、練習する。

　会社の若手社員に研修をしている会議室に電話を掛けてもらってアドリブでの練習もする。最後は講師のチェック。こちらもアドリブで電話対応の練習。アドリブが入ると、まだまだ声に詰まる。まあ、あとは配属後、慣れてもらうしかないね

　いくつか訓練用のシナリオを作っておけば、誰でも講師役は可能だ。

（3）アサーション

　コミュニケーションとしては、アサーションという高度なレベルの訓練になる。

　アサーションとは、相手と自分の両方を尊重し、相手に自分の意見など伝える技術

　さわやかな自己主張、健全な自己主張とも言う。社会人は、誰かに頼み事をしたり、調整しないといけないようなケースは沢山ある。相手を説得するだけではなく、納得してもらって仕事をしていく必要があり、その技法を研修で身につける。

アサーションの検討フロー

客観的描写：客観的に、状況や相手の行動を描写する
　　　（例　いつも遅刻ではなく、週5回のうち4回遅刻）

気持ちの説明：自分を主語に主観的な気持ちを説明する

提案：丁寧な表現で、相手に対し、相手の望む行動・解決
　　　策・妥協案などを提案する

代案：受け入れてもらった時、もらえなかった時の次に取
　　　る行動をあらかじめ考えておく

　研修では、企業ごとに会議や、仕事の手順など企業固有の用語などを入れて、事例をいくつか準備しておき、アレンジして練習したい。

（4）ジョハリの窓

　この研修は、研修が進み、新人同士がお互いに性格を知りあった上で、行える研修である。研修の目的は、自己の知らない部分を知る研修である。

　筆者は、ある時、研修時間が余ってしまって、時間調整で実施し

たが、なかなか好評で、次年度から正規に研修内容に取り入れたものである。

　ジョハリの窓の研修手順は以下の通り。

①　各自、メモに自分の特徴を5つ以上書く

②　ペアになって、相手の特徴を付箋にメモし、相手に渡す

③　②についてペアを変えて実施

④　ジョハリの窓を書く

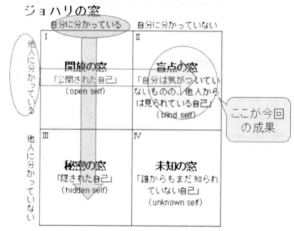

ジョハリの窓

出典: フリー百科事典『ウィキペディア（Wikipedia）』最終更新 2018年3月17日（土）23:44

　ジョハリの窓は、「自分は気が付いていないものの、他人からは見られている自己」を知ることができる。実際、研修をやってみると、高い満足感が得られている。

４．最終プレゼンテーション

　管理職研修でも、新人研修でも、筆者の研修最後は、プレゼンテーションである。パワーポイントが登場して、プレゼンは、かなり一般化した。

　前日に、パワポの出来をチェックし、修正し、発表練習は、冒頭のあいさつに始まって、立ち位置、視線、間の取り方、制限時間、パワポの動かし方、プレゼン後の想定質問などを練習する。

　この研修が終わると筆者も一段落。責任を果たした、という気持ちになる。そして、明日から、研修はもうない。職場に配属され、実践の場に置き換わる。

　もうこのプレゼンは一生経験できない。これから約四十年間、ビジネスパーソンとしての生活を送る。

　最後に、筆者からこれからの四十年間の応援メッセージを送り、別れる。ちょっと寂しいときでもある。

第4章　心を学ぶ管理者研修

1. 初めに

　私はこれまで社会保険労務士として、中小企業の人事に関する相談対応を行ってきた。相談の大半が就業規則や労務問題、人事制度に関する内容であったが、これらのほとんどに共通して言えることが有った。それは、法律・ルールなどの「仕組み」によって部下を強制的に納得させ、行動を変化させようとしている、という事であった。

　仕組みを変えることで部下の行動を変化させる、という考え方は間違っているわけではないが、とても大切な要素を見落としてしまっている。それは、仕組みと部下の行動のプロセスは直結したものではなく、その間には、人間ならではの「感情」という要素が有るということだ。仕組みというものは、より効率的に人間社会を動かすために後付けで出来ているものに過ぎず、根幹の部分には「感情」が存在しているということを忘れてはならない。

　しかし、多くのケースは「感情」について深く考えずに、ただ仕組みを変えるだけで機械的かつ表面的に部下の行動を変えようとしていると感じる。このような職場では、社員間のコミュニケーションがほとんど無かったり、上司から部下への強制や、社員間・部門間の責任の押し付け合いがあったりするなど、組織の雰囲気が悪いことが多い。IoTやAIといった言葉が当たり前になったように、世

の中の様々なところに情報化、機械化の波が押し寄せている。しかし、我々人間が「感情を持った動物」だという事は、今までもこれからもずっと普遍的なことであり、組織マネジメントも人の感情に寄り添ったアプローチで行っていくことが、組織の生産性を最大化するためには重要であると考えられる。今回は、人を動かす役割である管理職層が組織マネジメントを行う上で知っておいて欲しい人の心理についての研修をご紹介したい。

2．研修の目的
・時代背景の変化とともに、適合する組織マネジメント方法が変わってきていることを認識する機会とする。
・人の心理を基準に管理職自身の行動を振り返る機会とする。

3．時代背景と人材活用
　最初に、人口の推移に関する統計データを確認する。総人口は2010年の調査（12,806万人）をピークに、15歳〜64歳の労働人口は1995年（8,717万人）をピークに減少に転じていること、将来的にはますます減少していくことが分かる。

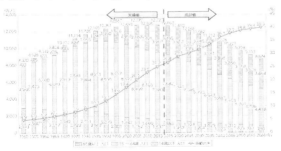

出典　国立社会保障・人口問題研究所「日本の将来推計人口」

＜ワーク＞「労働人口の減少を踏まえて、組織の人材活用をどのように
していく必要があるか」についてグループで話し合ってもらう。

＜解説＞大抵の場合は、「人が雇いにくくなるため、今いる人材で回
せるよう業務効率を高める。」「女性・高年齢者・外国人など多様な
人材の活用を進める。」などの意見が出てくるが、中には「一人一人
がこれまで以上に意識を持ち…」といったような精神論寄りの意見
も出てくる。労働人口増加期の「大量に採用し、肉体的・精神的な
“ふるい”にかけ人材を選抜する。」といった、企業優位かつ精神論
寄りの考えではなく、「働き手に選ばれる職場づくりをする。」「人間
のしくみに目を向け、個人・組織のパフォーマンスの最適化を考え
る。」といった、働き手に寄り添い、不合理な精神論を排除する組織
マネジメントが主流になってきている。労働人口が減少に転じてか
ら相当な期間が経過し、現実に労働力不足の問題が深刻化している
一方で、いまだに「私の時代はこうだった。」と、過去の考え方から
抜け出せないでいる管理職は多い。組織においてヒトは最も重要な
経営資源であり、労働力不足の現代において過去のマネジメントを
続けることは、働き手に選ばれなくなり、内部崩壊を招く可能性も
あることを理解してもらう必要がある。

☑時代背景を意識した組織マネジメントができているか。

4．働き手に選ばれなくなる理由

　働き手に選ばれる職場づくりのために何をすべきかを考える上で、
まずは働き手に“選ばれなかった”典型例である「退職」について
考えていく。

＜ワーク＞退職理由について建前と本音に分けてベスト３を話し合ってもらう。

＜解説＞求人広告媒体のリクナビやエン・ジャパンなどが出している「退職理由の本音と建前」調査を見ると、建前上は「家庭の事情」や「仕事内容」などが挙がる一方で、本音は「上司をはじめとした人間関係の不満」にあることが分かる。働き手に選ばれる職場づくりを進める上では、職場の管理職と部下とのコミュニケーションがいかに重要か、ということが見えてくる。

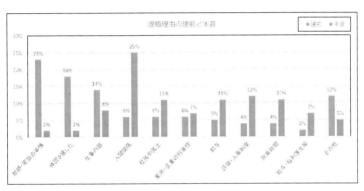

出典：エン・ジャパン『退職理由のホンネとタテマエ』調査

☑部下の本音の不満要因を把握できているか。

５．理想の上司とダメな上司

　上司との人間関係が不満になりやすいという事をふまえ、部下に接する際はどうあるべきなのか、という点を考える。

＜ワーク１＞いきなりどうあるべきかを挙げると発想が狭くなってしまうため、まずは「有名人で理想の上司像に近い人は誰か」を個人で考えてもらい、グループでシェアしてもらう。

＜ワーク２＞出てきた有名人を選んだ理由などから、「上司として求められる要素」を挙げていってもらう。

＜解説＞ワーク１について、テレビで見る機会の多い芸能人の名前が挙がることが多いが、中には山本五十六（やってみせ言って聞かせてさせてみて…の言葉で有名）や坂本龍馬など歴史上の人物の名前が挙がることもある。2019年の明治安田生命による理想の上司アンケート調査では、男性上司が内村光良、女性上司が水卜麻美という結果となっている。上司として求められる要素については、「頼もしい」「親しみやすい」「知性的」がトップ３として挙げられている。これらをもとに、ワークの結果とのギャップについて確認してもらう。

		理想の上司	要素
男性	1	内村光良	親しみやすい、優しい、頼もしい
	2	ムロツヨシ	おもしろい、親しみやすい、優しい
	3	博多大吉	知性的、親しみやすい、落ち着きがある
女性	1	水卜麻美	親しみやすい、明るい、おもしろい
	2	天海祐希	頼もしい、姉御肌、知性的
	3	吉田沙保里	頼もしい、実力がある、指導力がある

出典：明治安田生命『理想の上司』アンケート調査

ここで、社会心理学者のフレンチとレイブンによる社会的勢力の研
究を紹介する。社会的勢力とは、他者や周囲に与える影響力のこと
を指し、以下の6つに分けられる。

	社会的勢力	内容
①	報酬勢力	権限付与、給与や賞賛など、相手の望む報酬（アメ）を与えることができること。
②	強制勢力	強制、叱責、減給、解雇など罰（ムチ）を与えることができること。
③	正当勢力	地位や役割から、相手が指示に従うことが当然であると感じさせること。
④	準拠勢力	人柄や能力に関して尊敬・信頼を集め、ついて行きたいと感じさせること。
⑤	専門勢力	問題解決の専門的知識が優れていると感じさせること。
⑥	情報勢力	メンバーにとって有用な情報を与えられること。説明が分かりやすいこと。

＜ワーク3＞社会的勢力の内容である①～⑥について、自身の管理
職としての行動を振り返り、1．当てはまらない～5．当てはまる
で5段階評価していく。評価結果をもとにレーダーチャートを作成
し、グループでシェアをしてもらう。

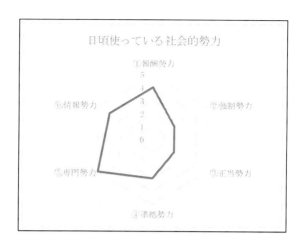

日頃使っている社会的勢力

①報酬勢力
⑥情報勢力
②強制勢力
⑤専門勢力
③正当勢力
④準拠勢力

<解説>社会的勢力は6つの要素があるが、大きく分けて①～③の報酬・強制・正当勢力と、④～⑥の準拠・専門・情報勢力に分けられる。前者は管理職になった段階で自動的に備わる要素、後者は人を惹きつける要素と言われている。

　今回はあくまで自己チェックではあるが、働き手に選ばれる上司は①～⑥までの全体のバランスが良いのに対し、働き手に選ばれない"ダメな"上司は②の強制勢力（ムチを振りかざす）と③の正当勢力（上司の指示に従うよう圧力をかける）に偏った結果となりやすい。部下を強制的に動かしたり、権限を振りかざして動かしたりするのではなく、部下を承認する、信頼の得られる行動をする、知識・能力を磨く、有益な情報をシェアする、といったあり方が管理職に求められるということを確認してもらう。あたり前のことのように思えるが、このあたり前のことが出来ておらず、ただ権力を振りかざすだけの存在になってしまっている管理職は少なくない。人間は強制されることを嫌うとともに、高度な知能を持った生き物で

ある。権力を振りかざしているだけの尊敬できない上司のもとでは、部下は安全を確保するために適当に話を合わせつつ、裏では陰口を言ったり、いつ辞めてやろうかと時期を見計らっていたりする。いわゆる面従腹背の状況であり、一見統制が取れているように見えながらも、組織のパフォーマンスは悪い状態にある。なお、パワーハラスメントが社会問題化している現代においては、こういった上司は加害者になる可能性も高くなるため、十分な意識づけが必要になる。

☑上司としてバランスよく社会的勢力を発揮できているか。

6．パワーハラスメントとエゴグラム

　働き手に選ばれない上司の典型例として、パワハラ上司の存在がある。2019年5月、パワハラ防止法とも言われる労働施策総合推進法の改正案が可決され、2022年4月には中小企業も職場におけるパワーハラスメント防止対策が義務付けられることとなった。個別労働紛争の相談件数の推移を見ても、「いじめ・嫌がらせ」に関する内容が右肩上がりに増加していることが分かる。

＜ワーク1＞パワーハラスメントが生じることによってどのような影響（悪い影響・良い影響）が出るのかについて話し合ってもらう。

＜解説＞悪い影響については、損害賠償の発生、働き手の流出、信用の失墜、組織風土の悪化など、さまざまな意見が出てくる。
良い影響については通常出てくることはないが、「上司としての威厳が示せる。」「組織の統制が徹底される。」などの意見がまれに見受け

られる。また、「昔は当たり前だった。」というような話も出てくることがある。昔の時代に当たり前だったことが正しいとは限らず、今はメンタル疾患の増加などから、企業の安全配慮義務が厳しく問われるようにもなってきていることも認識する必要がある。

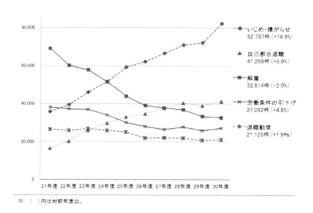

※（ ）内は対前年度比。

出典：厚生労働省「平成30年度個別労働紛争解決制度の施行状況」
主な相談内容別の件数推移（10年間）

＜ワーク２＞次に、もう一つのワークとして、エゴグラム診断に取り組んでもらう。エゴグラム診断は性格のクセを視覚化するのに有効な方法である。以下の質問に、「当てはまる２点　どちらとも言えない１点　当てはまらない０点」で回答してもらう。

CP	質問	点
1	間違っていることはちゃんと指摘する。	
2	決めたことは最後までやり抜く。	
3	期限を守る。	
4	時間を守る。	
5	約束は破ってはならない。	
6	無責任な人は許せない。	
7	不正には協力しない。	
8	ルールを守る。	
9	～べき、～ねばならないと思うことが良くある。	
10	他人や自分を責めることが有る。	
		/20点

NP	質問	点
1	子供や後輩をかわいがる。	
2	世話をすることが好き。	
3	自分から挨拶する。	
4	困っている人を放っておけない。	
5	人の失敗が許せる。	
6	人の話をよく聴く。	
7	思いやりがある。	
8	褒め上手だと思う。	
9	贈り物をすることが好き。	
10	人の気持ちを考える。	
		/20点

A	質問	点
1	結果を予測して準備する。	
2	物事の理由を確認したくなる。	
3	感情よりも理論が先行する。	
4	物事を客観視することが多い。	
5	冷静に判断する。	
6	理解するまで追究したい。	
7	社会の動きに興味がある。	
8	事実に基づいて考える。	
9	根本の問題が何かを考える。	
10	仕事や生活の予定の管理を行う。	

/20点

FC	質問	点
1	いろいろな事に興味を持つ。	
2	新しいことが好き。	
3	よく笑う。	
4	ポジティブに考える。	
5	趣味がたくさんある。	
6	好奇心が旺盛である。	
7	気分転換がうまい。	
8	将来を空想することが好き。	
9	やった！などの感嘆符をよく使う。	
10	無邪気なところがある。	

/20点

AC	質問	点
1	人の気持ちに同調しやすい。	
2	後悔することが多い。	
3	まわりの意見に振り回される。	
4	協調性がある。	
5	相手の顔色を伺う。	
6	嫌な気持ちを口に出さず我慢する。	
7	人に良く思われたい。	
8	遠慮しがちである。	
9	引っ込み思案である。	
10	悪くないのについ謝ってしまう。	

/20点

回答が完了したら、数値をもとに折れ線グラフを作成する。

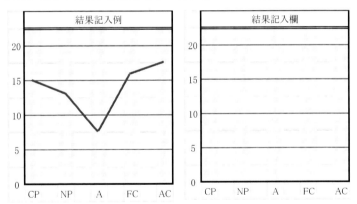

グラフまで作成し終わったら、内容をグループで共有してもらい、
自分自身と他の人の結果が全く異なることを認識してもらう。

<解説>それぞれの指標の内容は以下のとおりとなる。

①CP（Controlling Parent：父親の心。おもに厳しさを表す。）

値が低い場合	値が高い場合	過剰な場合
いい加減で無責任 指導不足	正義感が強い あるべき姿や 礼節を重んじる	威圧的な態度を 取る

②NP（Nurturing Parent：母親の心。おもに優しさを表す。）

値が低い場合	値が高い場合	過剰な場合
冷たく拒絶的 他人を気にかけない	相手をいたわる 相手を受け入れる	過保護になる

③A（Adult：大人の心。おもに論理性を表す。）

値が低い場合	値が高い場合	過剰な場合
計画性がない 物事を深く考えない	合理的かつ冷静 感情より理性で 対応する	理屈っぽく冷淡

④FC（Free Child：自由な子供の心。おもに自由奔放さを表す。）

値が低い場合	値が高い場合	過剰な場合
無気力で表情の 変化に乏しい	感情豊かで創造的 挑戦意欲が高い	自己中心的

⑤AC（Adapted Child：順応した子供の心。おもに従順さを表す。）

値が低い場合	値が高い場合	過剰な場合
周りの意見を聞かず やりたい放題	周囲に気を配る 感情を抑える	ストレスを 抱えやすい

エゴグラムはあくまで個人個人の性格のクセを表すものであり、そ

れぞれに長所短所があるため、何が正解というものは存在しないが、人間関係を重視する日本社会においては、NP を山にした「へ」の字型が適応しやすいと言われている（その他の結果についての解説は省略する）。このエゴグラムをもとにパワーハラスメントを考えていくと、CP（厳しさ）、FC（自由奔放）が高く、NP（優しさ）が低い人はパワーハラスメントの加害者になりやすいと言われており、該当する人は部下と接する際、自身の発言・行動に十分注意する必要がある。また、エゴグラム診断で分かるように、個人ごとに全く違った個性がある。人材の多様化が進み、異なる価値観を持った社員が同じ職場で働く現代においては、管理職ひとりの考え方を唯一としたトップダウン型のマネジメントではなく、部下一人一人の個性を尊重し、アイデアを引き出すボトムアップ型のマネジメントの方が時代に合っていると考えられる。

☑パワーハラスメントの影響について理解できているか。
☑自信の性格の傾向について理解できているか。

７．人間の欲求と組織マネジメント

　管理職にとって部下は他人であり、心の中を正確に把握することはできない。管理職の考え方に部下が従う形態であったトップダウン型のマネジメントにおいては部下の感情はあまり重要視されていなかったが、一人一人の個性を活かし、アイデアを引き出すボトムアップ型のマネジメントを行っていく上では、部下の感情理解の程度が組織のパフォーマンスに大きく影響してくる。そのため、管理職は人の「こころ」に関する学びを深めていく必要がある。ここからは、組織マネジメントを行う上で押さえておきたい人の心理につ

いての具体的な内容に入っていく。

<ワーク>最近の自身の行ったこと（行動）をビジネス上とプライベート上で2〜3個ずつ出してもらう。内容はなんでも構わない。そして、「なぜその行動をするのか」という質問を繰り返し、思いついたことを書き出していく。

 例. スーパーに買い物に行った ⇒ なぜ買い物に行くのか
   ⇒ 夕飯を作るため ⇒ なぜ夕飯を作るのか
   ⇒ お腹を満たすため ⇒ なぜお腹を満たすのか
   ⇒ 生命維持のため

<解説>人の行動原理に関する内容で取り上げられることの多い「マズローの欲求段階説」を確認してもらう。

図：マズロー 欲求段階説

欲求段階説は、人が持つ欲求を段階別に分類したものであり、最もベースとなる生理的欲求（生き延びたい）から順に、安全欲求（安

全を確保したい)、帰属欲求(人と関わりたい)、承認欲求(認められたい)、自己実現欲求(達成したい)、自己超越欲求(貢献したい)という構成になっている。

　この説を参考に、ワークで挙げた行動の理由をさかのぼっていくと、行動の動機がこれらの欲求のいずれかに結びついているということが分かる。学説では、下の段階が満たされることにより、順次上の段階の欲求が発生すると言われているが、当てはまらないと感じるケースも多く、組織マネジメントを行う上で欲求発生の順番については厳密に覚える必要はないと私は考えている。

　そして、これらをさらに絞り込んでいくと、アルダファーの唱えた ERG 理論(人は生存欲求、関係欲求、成長欲求を持つ)や、フロイトの快楽原則(人は快楽を求め、苦痛を避ける)に行きつくことが分かる。これら 3 つの説は状況により使い分けがしやすい。

マズロー 欲求段階説	アルダファー ERG 理論	フロイト 快楽原則
自己超越	−	快楽追求
自己実現	成長(Growth)	快楽追求
承認	関係(Relatedness)	快楽追求
帰属	関係(Relatedness)	快楽追求
安全	生存(Exsistence)	苦痛回避
生理的	生存(Exsistence)	苦痛回避

表：欲求に関する理論の比較

　人は、これらの欲求を刺激されることにより感情が発生し、行動を起こす。管理職として組織マネジメントをする際、やみくもに指

示・命令をするのではなく、欲求段階説などの理論から逆算して施策や声がけを考えていくことで、部下を動機づけしやすくなる。

マズロー欲求段階説	施策例	声がけキーワード
自己超越	理念・CSR活動	○○のために
自己実現	キャリアプラン	達成した　成長した
承認	評価制度・表彰	頑張った　すごい
帰属	交流イベント	一緒に　みんなで
安全	業務改善・ハラスメント防止	命令に従え
生理的	給与・休暇	減給するぞ

表：欲求段階説をもとにした施策・声がけ例

生理的欲求と安全欲求は、満たされるよりも脅かされることで、より行動が喚起される。「働き手に選ばれない上司」が多用する影響力である、強制勢力（ムチを振りかざす：減給するぞ）、正当勢力（上司の指示に従うよう圧力をかける：命令に従え）の内容がこれにあたる。こういった苦痛回避型のマネジメントはヒトの生存本能にアプローチするため、瞬発的にはとても大きな効果を発揮するが、長期的には社員を疲弊させ、大きなモチベーション低下を招く。成果主義の強い会社においてはこの「劇薬のような」アプローチが日常的に使い続けられている傾向にあり、部下が疲弊し離職率も高い状態にあることが多い。一方、快楽追求型のマネジメントは瞬発的な効果こそ弱いものの、モチベーションは長期的に継続すると考えられる。

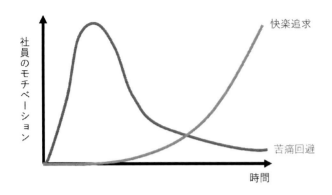

図：組織マネジメントのスタイルと社員のモチベーションイメージ

☑人間の欲求を意識した組織マネジメントが出来ているか。

8．感情の輪

欲求の刺激により、行動のもととなる感情が発生することを先に述べた。次に感情の内容について学んでいく。

＜ワーク＞感情を表す言葉（嬉しい、悲しいなど）を可能な限りふせんに書き出し、分類してもらう。

＜解説＞人の感情についてまとめた学説として、プルチックの感情の輪を紹介する。図に示すとおり、様々な感情が円形に並んでいて、中心に近づくほど感情強度が高くなっている。そして、ポジティブな感情より、ネガティブな感情の方が種類が多いことが分かる。ネガティブな感情は、人の根源的な欲求である「生存」の目的を達成するための安全装置の機能を担っている。他の研究（行動経済学の

プロスペクト理論など）においても、人はポジティブな刺激（得を
する）より、ネガティブな刺激（損をする）に反応しやすいことが
証明されている。管理職が自身の責任を問われる組織の失敗を恐れ、
つい苦痛回避型のマネジメントをしてしまいがちな事がこの内容か
らも考えられる。部下を長期的に動機づけていくためには、快楽追
求型のマネジメントが適している。この感情の輪を参考にすると、
楕円で示した領域の感情（関心、喜び、信頼など）を部下が味わう
ようなコミュニケーションを心がけていくことが管理職に求められ
ると言える。

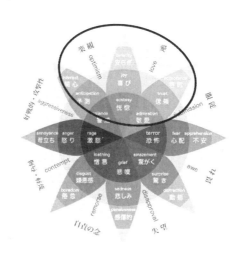

図：プルチックの感情の輪

☑人間の感情を意識した組織マネジメントが出来ているか。

９．時代変化とモチベーション

　人は働く上でどんな要素に動機づけされるか、という点について考えていく。

<ワーク>働く上でどんな事で充実感を感じるかについてグループで話し合ってもらう。

<解説>ダニエル・ピンクによると、人のパフォーマンスに影響する「モチベーション」は、以下の３段階に分類される。

	1.0（昭和）	2.0（平成）		3.0（令和）
モノ	十分に普及していない	普及してきた		溢れかえっている
概要	原始的	外発的		内発的
内容	生存本能に基づく 辛くてもガマンする	アメとムチ 成果獲得を目指す		仕事が楽しい
発生	生きるために発生する	他者からもたらされる		興味・関心から発生する
具体例	衣食住の確保	懲罰 不快回避	報奨 快追求	熟練・自立・目的への共感
動機 づけ	△ （苦痛回避型のため疲れる）	○		◎

表：時代背景とモチベーションの比較

表に挙げた３段階を昭和・平成・令和の時代に当てはめるとイメージがしやすくなる。戦後のモノが無かった時代はお金を稼いで車やテレビなどを買い生活水準を高める、という事が働く目的であり、給与こそが大きなモチベーションの源であった。平成に入ると、成果を出した人を讃え、成果を出せなかった人はリストラ候補になるなど、社内での承認にモチベーションの焦点は移って行き、モノが普及し生活水準が十分に安定した令和においては「仕事への興味・

関心」「仕事が楽しい」など、充実感・やりがい・自己実現といった、自分自身から湧き上がる内発的な要素が求められるようになってきている。また、「目的への共感」という点も重要であり、管理職は仕事を行う意味や、将来のビジョンを示していくことが求められる。このように、生きてきた時代の違いは管理職と部下の意識のズレに大きな影響を及ぼす。実際に、研修参加者の世代ごとにワークの結果にも差が現れてくる。時代の変化によりモチベーションの源が変わってきている点は、組織をマネジメントする立場の人間として必ず押さえておきたい。

☑人間のモチベーションと時代背景の関連性を理解できているか。

10. 成功の循環モデル

　ここまで、個人の欲求や感情に関する理論を学んできた。ここからは、管理職として責任を担う、「組織」の視点で学びを深めていく。
＜ワーク＞組織を成功に導くにあたり、以下の4要素をどの順番で改善していくべきか、グループで話し合ってもらう。
　A．行動の質　B．思考の質　C．関係の質　D．結果の質

＜解説＞ダニエル・キムの提唱した「組織の循環モデル」を紹介する。これによれば、組織の循環モデルには、成功の循環モデルと、失敗の循環モデルが存在する。成功の循環モデルは、C．関係の質⇒B．思考の質⇒A．行動の質⇒D．結果の質という流れであり、最初に関係の質から入るところに特徴がある。これに対して、失敗の循環モデルは、D．結果の質⇒C．関係の質→B．思考の質⇒A．行動の質という流れであり、最初に結果の質を改善しようとすると

ころに特徴がある。

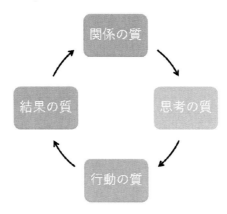

図：ダニエル・キム　組織の循環モデル

成功の循環モデル		失敗の循環モデル	
関係	お互いを尊重する	結果	成果が出ない
思考	楽しい	関係	対立、押しつけ、命令
行動	自発的に動く	思考	つまらない
結果	成果が出る	行動	言われたことだけやる
関係	関係がより良くなる	結果	成果が出ない

失敗の循環モデルは、いきなり結果を出させようとしても、他が改善していないため運や精神論任せとなり、一時的には成果が出る可能性もあるが、長期的には継続しないことを示している。その結果、対立や結果責任の押しつけがおきるなど人間関係の質が悪化していく。職場の雰囲気が悪く、働くことがつまらなくなり、言われたことしかやらなくなるため、成果につながらないという悪循環に陥る。

一方、成功の循環モデルはサイクルの流れ自体は全く同じであるが、関係の質を改善するところから始まる。お互いを尊重する雰囲気ができることで、職場に安心感が生まれ、楽しく、自発的に働くことができるようになる。その結果、成果につながり人間関係がますます良くなる、という好循環となる。管理職として長期的な成功を目指した組織マネジメントが出来ているか、ぜひ自身の部下への接し方を振り返ってみて欲しい。

☑まず最初に改善すべきポイントを理解できているか。

11. 行動分析

最後は、部下の育成に活かせる考え方として、行動分析について紹介する。

＜ワーク＞
遅刻が多い部下がいる。なぜ遅刻が多いのか？を考える。

＜解説＞
問いの情報が少なく答えにくいところも有ったと思うが、「意識が低いから」「だらしがないから」という内容が頭に浮かんだのではないだろうか。この答えに続いて、「なぜ、だらしがないと思うのか」と尋ねると、「遅刻が多いから」となり、元の質問と答えが循環してしまうことが起きる。こういった状態に陥ってしまうと、責任をすべて部下の意識に押しつけてしまい、解決策も部下の意識改革だけになってしまうなど、現実的な解決にはつながりにくくなる。
行動分析は、B.F. スキナーにより提唱された行動改善の手法であり、

「遅刻が多い」「会議で発言をしない」などの行動について、ただ単に「やる気が足りない」と本人に責任を委ねるのではなく、その行動の前後（先行条件と結果）の環境に注目する。働き方改革などにより労働生産性の向上に関心が集まる中、非常に有効な改善手法として注目されている。

区分	一般的に多い考え	行動分析の考え
原因	部下の内面にある	行動の前後の環境にある
具体例	やる気が足りない ⇒発言しない	座席レイアウトが話しにくい⇒発言しない
		過去に発言したら否定された⇒発言しない
イメージ	部下の内面に原因があると考える ⇩ 先行条件　行動　結果	行動の前後に原因があると考える ⇩　　⇩ 先行条件　行動　結果
考察	個人に責任を押しつけている。環境に真の現任がある場合、現実的解決につながらない。	職場全体の問題として考えている。環境の要因を取り除くことで現実的解決につながりやすくなる。

表：「部下が会議で発言しない」ことに関する考え方の比較

管理職として、部下の望ましくない行動の原因を、すべて部下の意識に責任転嫁するのではなく、その前後に何か原因が無いか、対策を考えられないかと視野を広げて考えていくことが重要となる。

☑部下の行動の前後に注目した改善ができているか。

12. まとめ

これまで組織マネジメントに関連する心理学の理論をいくつか紹介してきた。内容をもとに自身のマネジメントについて振り返ることで、全くできていなかったことや、今後改善していく余地のあることが浮かび上がってくるのではと思う。日々の忙しさについ独りよがりな応対をしてしまう事があるが、長期的にはそれがさらに組織の余裕を失わせていく。管理職の人間心理の理解度と組織力は比例する。今回の内容など、こころに関する学びを参考に、部下の立場に立ったマネジメントを実践することで、活力に満ちた組織を作っていって欲しい。

第5章　キャリアデザイン開発研修

1．初めに

　人生100年時代と言われている昨今であり、日本では少子高齢化が進行して将来の年金受給についての不安感が広がっている。最近でも年金が2000万円不足する見込みなど話題と関心を集めているところである。従って、従業員が安心して業務に専念できる環境を整えることが企業の継続にとっても非常に重要な時代となりつつある。ここでは、中小企業の従業員が若年世代から自分の人生設計を行い、それに従って充実した人生を送ることができるようにすることを目的とした研修プログラムを紹介したい。

（1）キャリアデザイン

　従来日本社会では終身雇用制によって雇用が保証されていたため、会社内を中心とした昇進やスキルアップによって自らの職業キャリアを展開すればよかったが、終身雇用制が崩れつつある現在ではサラリーマンでも在職中に自らの人生キャリアを開発する意識を持つ必要性が大きくなっている。担当した業務を通じた社内でのキャリアアップを目指すこと、あるいは社外でも通用する能力を磨いて行くこともキャリアデザインであると言える。

（2）ライフデザイン

　ライフデザインとは、キャリアデザインだけでなく、結婚や子育て、住宅購入や退職後の暮らしまでを含めた人生設計であり、ライ

フプラン設計とも言われる。人生１００年時代に代表されるように退職後の期間が長くなると見込まれるので、若年世代のうちにしっかりと計画しておく必要性が高まっている。

　図表１はキャリアデザインとライフデザインの関係を示したものであるが、キャリアデザインはライフスタイルデザインやファイナンシャルデザインとともにライフデザインに包含される。ライフデザインについてはリタイアメント（＝引退）の時期が近付いた中高年世代から意識が高まる傾向が強いが、将来への不透明感が強くなっている現代の日本では、若年世代のうちから早めに検討して準備を開始した方がより良い人生を送ることができると言えよう。

図表1　キャリアデザインとライフデザイン

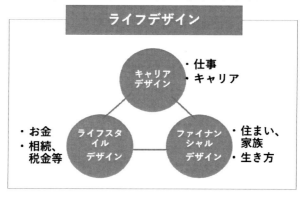

図表2　日本人の一生の各ステージの悩み事

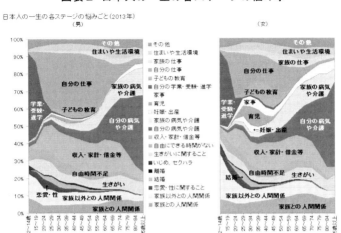

出典：厚生労働省（2013年）

　図表2は厚生労働省の「国民生活基礎調査（2013年）」において「日本人の一生の各ステージの悩み事」が示されているので紹介したい。男女の差があるものの社員として活躍する時期が該当する生産年齢においては収入を得ることを含め、仕事に関する悩みが大きな割合を示していることがわかる。従って、企業の従業員にとってはライフデザインの中でも職業キャリアを構築して収入を確保すること即ちキャリアデザインに重点が置かれると見込まれる。従って、**本稿では30歳前後の中小企業の社員が自らの職業キャリアを積極的に開発し発展させる**ことの支援を目的とした<u>キャリアデザイン開発</u>に関する研修に焦点をあてて説明をすることとしたい。

２．研修の目的

本研修のねらい（目的）は以下のとおり。

（１） 社員が、現実は変化が激しく予測が難しい時代ということ
を理解し、将来に備えて自らの職業キャリアを設計して実践
する第一歩を踏み出し発展させる支援を行うこと。

（２） 若年世代からしっかりしたキャリア設計を行うことにより業務に集中して充実した生活が送れるようにすること。

具体的には

ア ３０歳前後の社員に対して１５〜２０年後の「なりたい自分」
のイメージを明確に持たせる。

イ 急速な少子高齢化社会の進行と不透明な将来に対する準備が
必要なことを理解させ、実行への支援を行う。

ウ 人生１００年時代を見据え、会社員を引退した後の人生も含
めたキャリアデザインを作る支援を行う。

エ 会社、社会の制度を正しく理解して活用させる。

３．研修プログラム

本研修は３０歳前後の社員を対象として、各社員のキャリアデザイン開発に関して、マクロ環境の動向や会社・社会の制度の理解を促すようなインプット型の研修と、自分の現状に関する分析を行い受講者間での相互発表や、実際にライフプランやキャリアデザインを作成する事も含めたアウトプット型の演習を取り入れている。具体的な研修スケジュールについては図表３「研修企画書」のとおりである。

尚、少子高齢化の進行に伴い人手不足が顕著になる一方で、年金受給者の増加とともに年金受給額が不足すると見込まれること等の

問題が喧伝されている。定年延長や継続雇用等により働くことのできる高齢者はより長い期間働くという傾向が強くなるので企業としては従来よりも長期間を見込んだ対応が必要となる。このような状況の中では、中高年のベテラン社員のモチベーションを高め、併せ

図表3　研修企画書

研修企画書

研修名	研修対象
キャリアデザイン開発研修	一般社員（30歳前後）

【研修のねらい（目的）】
・30歳前後の社員に対して15～20年後の「なりたい自分」のイメージを明確に持たせる。
・急速な少子高齢化社会の進行と不透明な将来に対する準備が必要なことを理解させる。
・人生100年時代を見据え、会社員後の人生も含めたキャリアデザインを策定させる。
・会社、社会の制度を正しく理解させる。

【期待する成果・結果】
・社員の社会環境への認識を深め、早期にキャリアデザイン構築の必要性が理解できる。
・不確定な情報に左右されない確固としたプランを策定により業務に集中できる。
・年金以外の準備の開始が必要であることを理解できる。
・15～20年後の「なりたい自分」が明確化でき、実現のためのアクションを開始できる。
・社員のモチベーションの向上。
・中小企業に必要な中核人材の候補の育成ができる。

【研修の進め方（特徴）】
30歳からキャリアデザインの構築を行い、15～20年後の目指す姿を明確にイメージすることで、具体的な準備を開始させること。まずは、不透明な現状を認識するとともに、自分自身について見つめ直すことで目指すべき方向性が理解できる。

研修プログラム

1日目	2日目
① 導入（30分） 　15～20年後のなりたい自分をイメージ 　グループディスカッション	⑧ 導入（15分） 　1日目のポイントの振り返り
② 厳しい将来見込みの理解（90分） 　講義インプット	⑨ 会社・社会制度の理解　（60分） 　講義インプット
③ 休憩（60分）	⑩ 先輩社員の経験談・質疑（60分）
④ ライフプラン作成（演習　60分）	⑪ 休憩（60分）
⑤ 自分の理解を深める（90分） 　これまでの経験を振り返る（ワーク） 　自分のSWOT分析（ワーク） 　自分の人的ネットワーク（ワーク）	⑫ ライフロール（60分）
⑥ 将来に関する不安と対応策　（演習 60分） 　グループディスカッション	⑬ ジョブ・カード（60分） 　演習・キャリアプランシート作成
⑦ 1日目のまとめと2日目の課題（30分）	⑭ キャリア開発に有効な対策（60分） 　語学力 　資格取得 　人的ネットワーク
	⑮ 人生100年時代のキャリアデザイン 　（60分）
	⑯ 研修のまとめ（30分）

てセカンドライフを中心としたキャリアデザインを開発させる必要性も高まると想定される。このようなシニア層向け研修についても別途提供は可能であるが、これは別の機会に譲ることとしたい。

4．研修コンテンツ

　ここからは研修企画書の中に記載した研修コンテンツについて具体的に説明することとしたい。

（1）　導入　「15～20年後のなりたい自分」（30分）

　この研修の対象は30歳前後の若手社員であるが、研修の導入としてまず、「15～20年後のなりたい自分」に関するイメージを各自に考えさせる。15～20年後には45歳～50歳程度となり、会社内でも中堅～幹部クラスの重要な人材となっている筈である。その時点で自分がどのような存在になり、会社に貢献しているかを具体的に考えるトレーニングである。社内の先輩社員等、具体的なロールモデルがいればそれを目標としても良いし、役員や組織長というものでもよい。ポイントは**「なりたい自分」**となるためにどのような職業キャリアを積み重ねる必要があるかを具体的に考える機会とするものである。

30分という時間なので完全なものはできない可能性はあるが、あくまで考える契機とするものであるので時間がきたら終了し、グループ内で相互に発表し合うこととしたい。

（2）　厳しい将来見込みの理解（90分）

ア．少子高齢化の進行

　少子高齢化が急速に進行している日本では将来の生産年齢人口の減少による人手不足と年金を受給する高齢者と支える現役世代のバランスが崩れることから社会全体に不安感が広がっている。

図表４　人口ピラミッド（２０１５年）

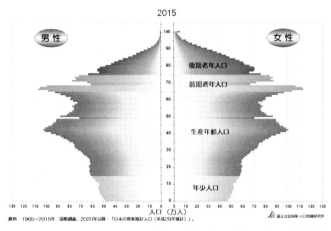

出典：国立社会保障・人口問題研究所

　図表４は国立社会保障・人口問題研究所による２０１５年時点の日本の人口ピラミッドである。日本も高度成長時代までは年少人口の割合が高く裾野が広いピラミッド形になっていたが、その後の少子高齢化の進行により釣鐘型になっている。最近では、更に少子化が進行していることから年少人口部分が益々小さくなるという傾向が続いている。

　厚生労働白書（平成２９年版）には国立社会保障・人口問題研究所が作成している将来の人口予測に基づく人口ピラミッドから２０６５年までの経年変化が示されている（図表５）が、少子高齢化が加速して裾野となる若年層のところが益々細くなり非常に不安的なピラミッドになってしまうのが明らかである。

図表５　人口ピラミッドの変化（１９９０年～２０６５年）

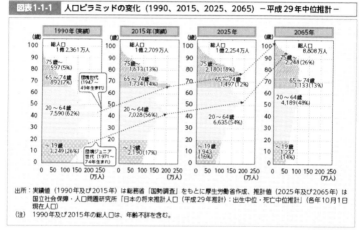

出典：厚生労働省

イ．年金不足問題

　２０１９年６月に金融庁の金融審議会　市場ワーキンググループが「高齢社会における資産形成・管理」という報告書を公表した。その中では日本人の平均寿命の伸長により平均寿命を超えた長寿となる人が増加、年金の支払額総額も急増しているので年金自体の将来見通しが非常に厳しいものになると説明された。特にこの報告書の中で「**夫 65 歳以上、妻 60 歳以上の夫婦のみの無職の世帯では毎月の不足額の平均は約 5 万円であり、まだ 20～30 年の人生があるとすれば、不足額の総額は単純計算で 1,300 万円～2,000 万円になる**」とされたので、将来的な年金の不足額 2,000 万円になるということが取り上げられて大きな社会問題となった。但し、金融庁の報告書の趣旨は一定の条件下の試算による年金額の不足を強調する

というものではなかった。図表６に示したとおり、日本人の平均寿命は２０１８年現在男性81.25歳、女性は87.32歳まで伸びているが、今後更に長寿化が進行すると見込まれるため**年金のみに頼るのではなく、若い世代の間でも将来に備えた準備をする必要がある**ということの説明を意図していたものと言われている。結果的に本来議論すべきところが十分行われず2,000万円の不足だけに注目が集まってしまった。

図表６　日本人の平均寿命の推移

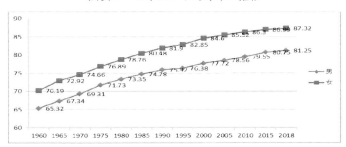

出典：厚生労働省「平成３０年簡易生命表の概況」

ウ．日本人の働き方の変化

　日本人の働き方改革の必要性が叫ばれ、政府主導で各種施策が実施されてきている。諸外国に比較すると長かった日本人の労働時間に焦点を当て、フレックス制度や在宅勤務の導入などにより生産性の向上を目指すものである。また従来は終身雇用制の下で一つの会社に退職まで長期に勤務するというスタイルが主流であったが、近年は大きく変化している。

図表7　転職数と転職率

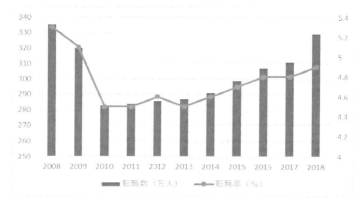

出典：総務省統計局「労働力調査平成３０年」

　図表７からわかるように転職者数はリーマンショックの影響が落ち着いた２０１０年には低下したが、その後は年々増加している。転職率も２０１０年の 4.5%から２０１８年には 4.9%まで上昇傾向が続いている。終身雇用の時代は、社内で通用するスキルの向上に注力すればよかったのであるが、転職後も活躍するためには自分の実力を客観的に見つめ直すとともに社外でも活かせるキャリアアップを図っていかなければならない。少子高齢化で先行き不透明な時代であるからこそ、年金のみに頼るのではなく若年世代から将来に向けての準備を始める必要がある。人生１００年時代にサバイバルして行くためにも自らが職業キャリアをデザインして開発して行く必要性は益々大きくなっているのである。

（3）　ライフプランの作成（演習60分）

　将来的に年金に関する不安が益々大きくなると見込まれるので若年世代から準備を開始する必要があることは前述のとおりである。ここでは、自分の家族も含めた将来の各種イベントを考慮に入れてライフプランを作成したい。図表8は日本ファイナンシャルプランナーズ協会が提示しているライフプランにおけるキャッシュフロー表のフォーマットであるが、これを利用して30分間で各参加者が自分のキャッシュフロー表を作成してみる。

　その後グループディスカッションを行い（20分間）、各グループの代表者が自分で作成したキャッシュフロー表の発表を行う（一人3分を目安とする）。

　詳細なキャッシュフロー表を作成するためには時間が足りないと見込まれるが、ここでは作成にあたってのポイントを理解すれば十分である。グループ内でディスカッションすることにより、自分では気が付かなかった観点、価値観の違いを含めて他人との意見交換を通じた気づきを得ることも目的としている。研修終了後にはこれらを盛り込んで各自がキャッシュフロー表を仕上げることを期待したい。

　考慮すべきポイント例は以下のとおり。

　ア．住宅関連：住宅購入、住宅ローン借り入れ、返済等。

　イ．子供関連：出産、育児、教育関連。

　ウ．老後関連：退職、年金等

　エ．介護関連：親の年齢、介護等

　オ．その他：自家用車購入、海外旅行計画等

図表8　キャッシュフロー表

年	2019	2020	2021	2022	2023	2024	2035	2036	2037	2038	2039
経過年数	現在	1年後	2年後	3年後	4年後	5年後	16年後	17年後	18年後	19年後	20年後
（本人　）の年齢	0	1	2	3	4	6	16	17	18	19	20
（配偶者　）の年齢	0	1	2	3	4	5	16	17	18	19	20
（子供1　）の年齢	0	1	2	3	4	5	16	17	18	19	20
（子供2　）の年齢	0	1	2	3	4	5	16	17	18	19	20
（　　　）の年齢	0	1	2	3	4	5	16	17	18	19	20
ライフイベント											
（本人　）の収入											
（配偶者　）の収入											
一時的な収入											
収入合計（A）	0	0	0	0	0	0	0	0	0	0	0
基本生活費											
住居関連費											
車両費											
教育費											
保険料											
その他の支出											
一時的な支出											
支出合計（B）	0	0	0	0	0	0	0	0	0	0	0
年間収支（A-B）	0	0	0	0	0	0	0	0	0	0	0
貯蓄残高	0	0	0	0	0	0	0	0	0	0	0

※本来、キャッシュフロー表を作成するときは物価上昇や運用利回りを考慮した金額を記入しますが、ここでは記入しやすいように変動率をゼロとしています。

出典：日本ファイナンシャルプランナーズ協会

https://www.jafp.or.jp/know/fp/sheet/

図表9　ライフプラン作成例

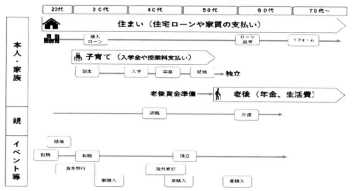

　図表9はライフイベントをより見える化したものであり、自分と家族のイベントに応じてお金も含めて特別な手当が必要な時期が明確になる。「何歳頃に何を行うか」、「それに向けて何が必要か」のイメージが掴みやすい。平均寿命が伸びていることもあり、退職後の時間がかなり長くなると予想されるのも明らかである。改めて若年代から早めに対策を講じることの必要性が理解できよう。

（4）　自分の理解を深める　（90分）
ア．これまでの経験を振り返る（ワーク）

　キャリアデザインを開発するにあたって、まず自分のこれまでの経験を振り返る必要がある。入社後の各部署における業務経験も今後の職業キャリア開発においては重要な意味を持つ。まず、経験した業務における獲得知識や得意分野を書き出してみる。

イ．自分のSWOT分析（ワーク）

　SWOT分析は、通常では会社を取り巻く環境分析を行い、強みや弱みを把握する際に使われることが多いが、個人の強み・弱みを分析して目指すべき方向性を見つけることができるので、自分の経験・能力の棚卸としてSWOT分析を行ってみる。（ワーク）

図表10　SWOT分析

	プラス要因	マイナス要因
内部環境	S (Strength) 強み	W (Weakness) 弱み
外部環境	O (Opportunity) 機会	T (Threat) 脅威

まず自分自身の内部環境の分析を行う。自分の長所・好影響を与えるところ＝強み（S：Strength）を列記してみる。例えば、「人見知りしない」、「粘り強い」、「冷静」、「機転が利く」等があげられよう。次に短所・悪影響を与える所＝弱み（W：Weakness）も同様に記載する。ここでは「短気」、「飽きっぽい」、「鈍重」、「コミュニケーションが苦手」等があげられるかもしれない。但し、強みと弱みは実は裏腹であり、弱みを克服すると強みに転じるという性質のものもあるので、まずは自分自身について冷静に書き出してみることが必要である。

　続いて外部環境の分析に移る。外部環境におけるプラス要因＝機会（O：Opportunity）は、外部の状況によって自分にとってチャンスとなるところである。例えば、語学が得意であればグローバル化の進展によってチャンスが拡大すると言える。

　最後にマイナス要因＝脅威（T：Threat）については、外部環境の変化によって自分が不利になるところである。ここにはＡＩ化の進展により就業機会が少なくなること、外国人の増加による競争激化などが該当すると見込まれる。

　このＳＷＯＴ分析によって自分の得意分野を生かせるところや弱みを克服すべきところが見えてくる。

ウ．自分の人的ネットワーク（ワーク）

　人間は一人では生きられず、いろいろなコミュニティに於いて他人と係わりを持っている。仕事もひとりで完結できるものは少ない。殆どの場合はチームとして一緒に、あるいはパートナーや取引先として多くの人と協力し合っている筈である。従ってこれまでの人生においても実に多くの人と関ってきたと思われる。このように人生の様々な局面で出会った人達が自分の人的なネットワークとなるの

である。人によって関係の濃淡があると思われるがが、これまで出会った人々の名刺やデータ（いつどこで出会ったか？）を整理して活用して行くことが必要である。勿論、学生時代の友人も重要なネットワークとなることは言うまでもない。

（ワーク）

　自分を中心に人的ネットワークを書き出してみよう。

　以上のように①これまでの経験、②自分のＳＷＯＴ分析、③自分の人的ネットワーク　を書き出してみることで、自分の進むべき方向性が見えてくる。

（５）　将来に関する不安と対応策　演習（６０分）

　自分に関する分析を行った上で社会全体の動きも含め、将来に関する不安とそれに対する対応策を纏めてみよう（２０分）。
そしてグループで発表して共有してみよう。（発表、まとめ４０分）
グループディスカッションを行うことにより、一人で作業する中では見えない問題も明らかになること、同じ事象、同じ予見に対してもそれぞれの捉え方、考え方が異なるということが理解できるので面白い。少子高齢化の問題に関する危機感も参加者各人の考え方によっては大きく異なるものと見込まれる。

（６）　会社・社会制度の理解（６０分）

ア・年金制度の理解が必要

　消えた年金や年金２０００万円不足問題等、日本の将来について語る考える場合には年金の話題が出てくることが多い。これは、少子高齢化の傾向が続いているため年金を受給する世代の人数が増加

している一方、年金を積み立てる現役世代の人数が減少しているので多くの人が不安感を持っていることを反映していると思われる。一方で、年金の仕組みと具体的な支給額について正確に理解している人は少ないのであろう。社員が今後も安心して業務に注力できるためには、会社としても個々の従業員が年金に関する基本的な理解を深める支援をすることが重要になってくる。

　会社員等の場合、年金は公的年金と企業年金から構成される。

図表11　**ライフコース別にみた公的年金の保障**

全ての人がライフコースに応じて現役時代に保険料を負担し、引退後、その負担に対応した年金を受給できる。（社会保険の仕組み）

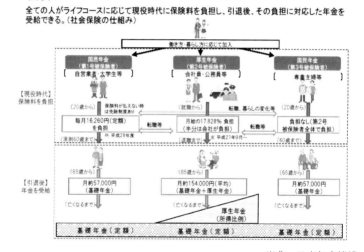

出典：日本年金機構

イ．公的年金

　公的年金制度についての詳細説明には時間が必要なので、ここでは制度の概要の理解を得ることに留める。図表11はそれぞれの立場における公的年金を図解したものである。（実際の研修においては

この表に関する追加説明を行うが、制度の詳細は厚生労働省や日本
年金機構等の資料を提示するまでとなる。)

ウ．確定拠出年金

　企業年金はかつて確定給付年金が中心であった。これは老後の年
金受給額の目標金額を現役時代に確定しておき、将来の受給額から
逆算した掛け金を現役時代に支払うものであり、老後の受給額を前
もって確定した年金である。

図表１２　確定拠出年金位置づけ

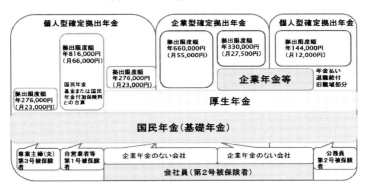

出典：三井住友信託銀行 HP

　一方、バブル崩壊後に金融危機や長期にデフレ傾向が続いたこと
等により将来の受給額を事前に確定することが次第に難しくなって
きた。そこで確定拠出年金が確定拠出年金法を根拠として２００１
年１０月１日から掛け金の運用が開始された。これは日本版４０１
Ｋとも言われ、国民年金、厚生年金に加えた３階の部分にあたるも
のである。現役時代に加入者が掛け金の金額を指定して拠出、その

資金を加入者の指示で運用した結果の金額が老後の受給額として支払われる。

　図表１２は確定拠出年金の位置づけを示したものである。自分の状況に合わせた確定拠出年金の活用の検討をお勧めしたい。

（この部分については別途詳細な研修を実施可能）

（７）　先輩社員の経験談、質疑（６０分）

　研修対象である３０歳前後の社員のロールモデルとして４５～５０歳の幹部社員から先輩社員としてこれまでの会社員生活の経験と自分のキャリアデザイン開発について説明してもらう。

（説明３０分、質疑応答３０分）

（８）　ライフロール（６０分）

　ここまで将来の見通しが不透明な世の中で将来に備えた準備が必要なことを説明して理解が深まったことを前提に、いよいよキャリアデザインを具体的に作考えてみる。

　キャリアとは色々な意味があるが、本稿では仕事を行う上で得られる経験や技能も含めた職業キャリアを表すこととしてキャリアデザインを考えてきた。収入を得るためには職業に就いて仕事をする必要があるが、年齢や社会環境等の変化に応じて従事する役割も変化させて行く必要が生じる。キャリアデザインとは人生における各局面に応じた役割を果たしていくためのプランニングであり、いわば人生設計であるとは前述のとおりである。キャリアに関する考え方は人それぞれに異なるものであり、自分の価値観でデザインしたものが必ずしも他人には評価されるとは限らない。あくまで自分の人生設計であり、自分の実績を踏まえて判断するものであることを理解することが必要である。

図表13　ライフ・キャリアの虹

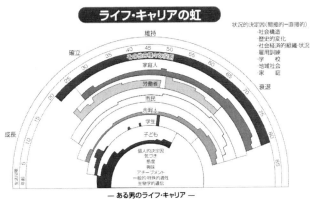

ライフ・キャリアの虹

― ある男のライフ・キャリア ―

「22歳で大学を卒業し、すぐに就職。26歳で結婚して、27歳で1児の父親となる。47歳の時に1年間社外研修。57歳で両親を失い、67歳で退職。78歳の時妻を失い81歳で生涯を終えた。」D.E.スーパーはこのようなライフ・キャリアを概念図化した。

出典　文部省『中学校・高等学校進路指導資料第1分冊』平成4年

キャリアデザインは人生設計であると前述した。ここで米国のキャリア論者であるドナルド・E・スーパーの提唱した「ライフ・キャリアの虹」を紹介したい。スーパーは人の一生を「成長期」「探索期」「確立期」「維持期」「衰退期」の段階に分けキャリアの発達を、職業を含む様々な役割の組み合わせであるとして各段階におけるライフロール（人生役割）を重視した。このライフロールは職業選択や人生の各段階で個人としての意思決定に重要な影響を与えるものなのでライフデザインを行うにあたり重要な視点となる。現代ではワークライフバランスの重要性が強調されているので、人生の各段階におけるライフロールを考えて行くことがより重要になっている。

（ワーク）各人のライフ・キャリアの虹を作成して、現時点における自分のライフロールを考えて参加者間で意見交換する。

（自己作業３０分、グループ討議３０分）

図表14　ライフ・キャリアの虹（ブランク）

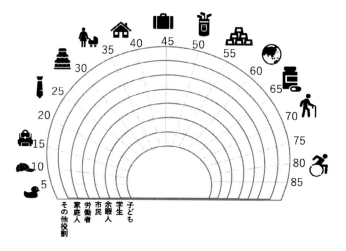

（9）　ジョブ・カード（60分）

　厚生労働省が2008年に導入したジョブ・カードという制度がある。これは、個人のキャリアアップや多様な人材の円滑な就職等を促進することを目的として、ジョブ・カードを「生涯を通じたキャリア・プランニング」及び「職業能力証明」のツールとして、キャリアコンサルティング等の個人への相談支援のもと、求職活動、職業能力開発などの各場面において活用する制度である。

　就職を希望する学生や転職希望者等がキャリアコンサルタントと面談する際に有用なツールとなるが、一般企業の社員にとっても自分のキャリアを棚卸する機会となるので、人材育成という観点から導入する企業が増加している。企業としても人材難の状況下、社員を育成する観点からも利用価値が高くなっていると言える。

　在職労働者にとってジョブ・カードを利用するメリットとしては次の点が挙げられており、これまで説明してきたキャリアデザインにも活用できる制度であるので社内研修等でも十分説明をして行く必要がある。

① 　キャリア・プランニングでの活用
② 　在職労働者の実務能力の証明
③ 　教育訓練、専門実践教育訓練における活用

　図表15はジョブ・カードの活用効果を図解したものであるが、従業員、企業双方にとってのメリットが大きく、相乗効果を生み出すことが期待されている。

図表15　ジョブ・カードの活用効果

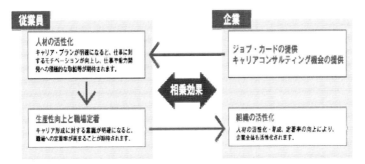

出典：厚生労働省　ジョブ・カード制度
https://jobcard.mhlw.go.jp/advertisement/owner.html

　従ってキャリアデザイン開発にあたっては、このジョブ・カードのフォーマットを活用して作成することも有効である。
　（ワーク）ジョブ・カードを利用してキャリアプランシートを作成

する（自己作業３０分、グループ討議３０分）

https://jobcard.mhlw.go.jp/job_card.html#jobSample

（１０）　キャリアデザイン開発に有効な対策（６０分）

ア．語学力

　将来不安の大きな要因は少子高齢化の進展により日本の人口、特に消費意欲が旺盛な生産年齢人口が減少傾向にあることに起因する。これまで、日本の人口規模が１億人を超えていたことから、国内市場だけをターゲットにしてもある程度の市場規模を享受することができた。しかしながら、今後は日本国内市場のみを対象にするだけでは成り立たなくなる産業が多くなると見込まれる。最近では、従来海外市場とは関係なかった企業までが盛んに海外進出を行うようになっている。このようにグローバルに活動することになる企業からは、やはり語学ができる人材へのニーズはますます高まるものと見込まれる。技術の発展からＡＩによる自動翻訳などが実用化されてくるので語学の必要性が低下すると見る意見もあるかもしれないが、言語は文化的背景を持つものであり、グローバルにビジネスをするためには語学を学び、相手国の文化や習慣までも理解することの重要性は薄れないと思われる。従って、キャリアデザインを開発する場合に、語学力を強化することは大きな強みとなる。特に、非英語圏の人とビジネスを行う場合にお互いに英語でコミュニケーションを行うよりも、相手国の言語を習得することのメリットは大きいのでお薦めしたい。

イ．資格

　職業能力への習熟度を客観的に測るものとして各種検定試験や資格なども挙げられる。まずは自分の職場で仕事を遂行するために必

要な資格を習得して、その道ではプロとなることを目指そう。

　その他、資格により独占的業務を行えるようないわゆる国家資格というものも多数存在する。これらの中には資格取得に多大な時間を必要とするものも多く、資格取得のための予備校も多数ある状況である。但し、資格を取得しても実務経験がないと実際の開業等ができないものや、資格の維持にもコストのかかるものもあるので、自分のキャリアデザインに適合する資格取得を目指すことが必要であると思われる。

ウ．人的ネットワーク

　自己分析のところでも人的ネットワークの重要性については説明したが、キャリアデザインを考えていく場合にも重要な武器となる。職業経験を通じて知り合った人や交渉相手であった人々から、将来ビジネスの誘いがある可能性も大きいのである。

（11）　人生100年時代のキャリアデザイン（60分）

　人生100年時代とは、ロンドン・ビジネス・スクール教授のリンダ・グラットン氏とアンドリュー・スコット氏が、著書「LIFE SHIFT（ライフシフト）100 年時代の人生戦略」の中で提唱した言葉である。同書では今後も人の平均寿命は延び、寿命が 100 年の時代＊（即ち人生 100 年の時代）になるためこれまでの人生設計を見直す必要があると主張したので大きな話題となった。（＊主要先進国では2007年生まれの子供の半数が100歳以上の年齢に達すると説明、特に日本は最長で107歳になるとされている）このような流れを受け、日本政府は2017年に「人生100年時代構想会議」を立ち上げ、今後の政策のグランドデザインの検討を開始した。図表16には人生100年時代構想会議の中間報告から（2017

年１２月）人生１００年時代にあたっての基本的見解を示した。

図表１６　人生１００年時代構想会議中間報告

- ある海外の研究では、2007年に日本で生まれた子供の半数が107歳より長く生きると推計されており、日本は健康寿命が世界一の長寿社会を迎えています。
- 100年という長い期間をより充実したものにするためには、幼児教育から小・中・高等学校教育、大学教育、更には社会人の学び直しに至るまで、生涯にわたる学習が重要です。
- 人生100年時代に、高齢者から若者まで、全ての国民に活躍の場があり、全ての人が元気に活躍し続けられる社会、安心して暮らすことのできる社会をつくることが重要な課題となっています。

出典：厚生労働省

　ここで提唱されている社会人の学び直しについては「リカレント教育」と言われる。欧米では既に一般的に行われているものの、日本では最近になって漸く広まりを見せている。リカレント教育について文部科学省の説明は以下のとおりである。

図表１７　リカレント教育

「リカレント教育」とは、「学校教育」を、人々の生涯にわたって、分散させようとする理念であり、その本来の意味は、「職業上必要な知識・技術」を修得するために、フルタイムの就学と、フルタイムの就職を繰り返すことである（日本では、長期雇用の慣行から、本来の意味での「リカレント教育」が行われることはまれ）。我が国では、一般的に、「リカレント教育」を諸外国より広くとらえ、働きながら学ぶ場合、心の豊かさや生きがいのために学ぶ場合、学校以外の場で学ぶ場合もこれに含めている（この意味では成人の学習活動の全体に近い）。

出典：文部科学省「平成７年度我が国の文教政策」

　前述の LIFE SHIFT では、人生１００年時代にはこれまでの「教育・仕事・引退の３ステージモデル」からマルチステージという形で教育・仕事あるいは社会貢献などのステージを何度も行き来するモデルになるので、リカレント学習を行い生涯で複数のキャリアを持つ

必要があると提唱されている。本稿で説明したキャリアデザインについてもこのような流れを考慮に入れて作って行く必要が出てきていることは言うまでもない。

５．まとめ

　少子高齢化の進行により将来見通しに不透明感が増して来ている現代の日本社会であるので、平均寿命が１００歳の時代を生き抜くためには若い世代から自分のキャリアデザインをしっかりと行っていくことが必要である。

　研修の骨子としては、以下のとおりとなる。

① 　少子高齢化の進行により将来見通しが厳しい現実を理解する。

② 　自分を見つめ直す。

③ 　会社、社会の制度の理解を深める。

④ 　社内のロールモデルを見つける。

⑤ 　ジョブ・カード等を利用してキャリアプランシートを作成。

⑥ 　語学、資格、人脈等の武器を磨く。

⑦ 　人生１００年時代のキャリアデザインを考え、実践する。

　本稿では、キャリアデザインの構築に関し２日間で予定している研修内容の概要を紹介させて頂いた。実際の研修では個人の演習や作業を実際に行うと共に、他の参加者との意見交換を経て理解が深まるものである。更に深く学びたいというニーズには別途の研修機会を提供することとしたい。

第6章　ＴＯＣツールによる研修

１．初めに

　皆さんは TOC　（Theory Of Constraints：制約理論）をご存じだろうか。日本でベストセラーとなった「ザ・ゴール」の著者、イスラエルのエリヤフ・ゴールドラット博士が提唱した理論である。ＴＯＣは企業の目的である「現在から将来にわたって儲け続ける」というゴールの達成を妨げる制約条件（Constrains）にフォーカスして、最小の努力で最大の効果（利益）をあげる経営管理手法である。

　「ザ・ゴール」は工場の生産性はボトルネック工程（制約条件）の能力以上は向上しない原理に基づき、ボトルネックの能力を最大限に発揮さることでスループット（単位時間当たりの生産数）を最大にする話である。また「ザ・ゴール２」は生産管理に限らず、マーケティングや経営全般にも適用できる思考法を使って経営の再建を行う話である。ＴＯＣの思考法（思考プロセス）で使用されるツールは単に経営改革や業務改善に役立てるだけではなく企業研修のワークとしての応用範囲が広く、ビジネスにも活用できるので習得する価値のあるものである。

（１）ＴＯＣ思考プロセスで使うツール

　ＴＯＣの思考プロセスでは「何を変えるか」、「何に変えるか」、「どのように変えるか」のステップに従って問題解決を図る。

　組織全体に及ぶ中核問題を解決するためには関係者が変化に対して抱く抵抗心理の6階層を突破する必要がある。そのために5つのツールを使って変革への合意・協力を得ながら順番に一つずつ抵抗の6階層を突破していく。

変化に対する抵抗の6階層
① 問題の存在に合意しない
② 問題を解決する方向性に合意しない
③ その解決策で問題が解決すると思わない
④ その解決策を実行するとマイナスの影響が生じる
⑤ その解決策を妨げる障害がある
⑥ その結果起こる未知のことへの恐怖

5つのツール	役割
現状構造ツリー	事実を因果関係で整理し、問題の全体構造を明らかにし、根本的な原因（変えるべき中核問題）を明確にする
対立解消図	中核問題の背景にある対立構造を整理し、その対立を解消するアイディアを出し、解決策の方向性を明らかにする
未来構造ツリー	対立解消図で検討したアイディアが効果的か検証し、解決策によって本当に良い状態が実現されることを明らかにする
前提条件ツリー	解決策実行のための道筋を作成し、障害を克服した状態（中間目的）と、どのような順で実現していけばよいかを明らかにする
移行ツリー	各中間目的を実現するためのアクションを洗い出し、解決策の実行計画を作成し、解決策実行のアクションを明らかにする

（2）ＴＯＣ for Education で使うツール

　ＴＯＣｆＥ（TOC for Education：教育のためのTOC）はゴールドラット博士が生前最後に生み出したもので、世界20か国以上の教育の場でも活用されている、とてもシンプルな考えるためのツールである。3つの考えるためのツールの活用により、**効果的な思考とコミュニケーション能力の向上**の実現ができる。

①ものごとのつながりを考える「ブランチ」、②意見の対立について考える「クラウド」、③目標を達成する方法を考える「アンビシャス・ターゲット・ツリー（ＡＴＴ）」の３つで構成されている。３つのツールの呼び方は前項のＴＯＣ思考プロセスで使用するツールとは異なっているがＴＯＣ思考プロセスのツールとは基本的に同じであり、教育の現場でも使いやすいものがチョイスされている。

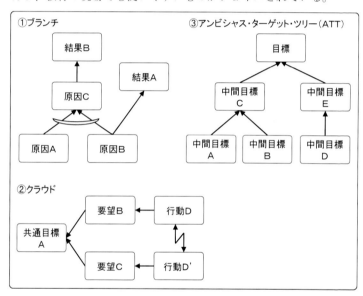

（3）ツールを活用したワークショップ型研修の特徴
　ワークショップ型研修は、講師から一方的な知識を受け取るだけの講義やセミナーとは違い、受講者が自ら積極的な意見交換や協働体験を通じて、実践的な知識・スキルを身につけられるのが特徴である。研修とはいえ、受講者は受け身で教えられるだけではなく、

自らプログラムに取り組み、議論や協働体験を進めていく積極的かつ協力的な姿勢が求められるのである。

　また、講師は教える先生の立場ではなく、ファシリテーターとしてグループワークの場を「促進する」、「助長する」ことが重要な役割である。対話を通じて受講者一人ひとりのやる気や知恵、経験を引き出し、互いの学び合いから一定のアウトプットや問題解決が導き出せるよう、ディスカッションの場を活性化させる。

　ワークショップ型研修は受講生がグループで成果をアウトプットする過程で意見交換やアイデアの創出、合意形成を行っていくので**コミュニケーション能力の向上やチームビルディング**にも繋がる。複数の会社で行うプロジェクトや社内の部門間の連携が必要なプロジェクト、様々な人が集まる地域コミュニティでのイベント開催などとスタートする前にワークショップ型研修を通じてコミュニケーションを深め、チームビルディングを行うことがお勧めである。ワークショップ型研修のテーマをプロジェクトに関することやイベントに関することにすることでワークショップそのものがプロジェクトの一部となる。

（4）グループワーク導入部でのインプロゲーム

　ワークショップ型研修でワークをやる時は受講者がワークに入りやすい環境を作ることが必要である。ワークショップ型の研修を受講したことがある方はワークに入る前にチェックインやアイスブレークなどを体験したのではないだろうか。グループワークを行う場合には安心して誰もが発言できる、そしてどんどんアイデアが湧き出てくる場づくりが研修の成否にも影響する。TOCのツールを使ったグループワークは①一つのことにグループメンバーが集中す

る、②「Yes, And」の精神で人の意見を受け入れ、さらにアイデアや提案を加えるということが重要である。

　そこで、私がワークショップ型研修の導入部分に取り入れているのがインプロゲームである。インプロとはインプロビゼーション（Improvisation）の略で即興のことである。　インプロゲームは即興で行うゲームで舞台役者が表現力や想像力、チームワークを磨き上げるトレーニングにも使われている。インプロの重要な要素として"フォーカス（集中）"と"Yes, And"がある。この要素を体験できるインプロゲームを 10 分程度で行い場づくりをしている。受講生同士が初対面の時やインプロゲームでの反応が鈍い場合は時間をもう少し長めに取ることや、発想力を高めるゲームを追加するなどしている。グループワーク開始後も受講生のワークへの取り組み状況に応じて次のグループワークに行く前や休憩時間明けに受講者の参加状態に合ったインプロゲームを挟むこともある。受講生の頭や心や体が柔軟になり、場づくりができていると受講生の気付きや学びを促進し、グループワークでの満足度も高いものとなる。

（5）グループワークで準備するもの

　グループワークは最初にワークでのお作法ややり方などを説明した後にホワイトボードに受講者が記入したポスト・イットなどの粘着付の付箋を貼りつけながら行う。ホワイトボードがない場合は静電気で壁などどこにでも貼り付けることができるホワイトボードシートを使用する。ホワイトボードシートは会場の備品を気にせず、持ち運びもできるので重宝している。下記の 5 つがグループワークの必需品となっている。

　①ホワイトボードまたはホワイトボードシート

②ホワイトボード用マーカー

③ホワイトボード用イレーサー

④粘着付き付箋（75mm×75mm）

⑤サインペン（付箋記入用）

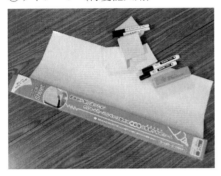

２．新入社員・若手従業員向け研修でのＴＯＣツール活用

（１）因果関係で未来を考える（ブランチ）：90分

　物事を考える時にきちんと論理的に考えて、相手に伝わるように説明する必要があるが、直感的だと言われる人は思いついた結果のみを相手に伝えるために「お前の言っていることはよくわからない」と言われてしまう。相手への説明において結果までの過程で論理的な飛躍があり、論理的な構成で説明できていないからである。本人が分かっていても相手に伝わらなければ意味がない。新入社員の時は指示により仕事をこなし、報告により完了するケースが多い。論理的思考を持つことは仕事の遂行や報連相（報告、連絡、相談）する時にも役立つ。

　そこで、新入社員研修などで最初に取り入れるグループワークとして、ブランチというツールを使って「因果関係で未来を考える」

というワークを行っている。

ア　目的
- ものごとをシンプルにわかりやすく表せるようになる
- 全体の意味がよくわかるようになる
- 自分の行いから起こる結果をあらかじめ考える力をつける
- 悪い結果を予測し、あらかじめ防げるようになる
- ものごとを論理的に考える力をつける
- わかりやすく伝えられるようになる

イ　グループワークの進め方
　最初にブランチの使い方、ブランチで表した因果関係の説明の仕方を講義するが、絵本のようなスライドを使って因果関係を表し、相手に説明する練習もかねて受講生たちに投げかけを行う。
　ここでの受講生の反応を見ながら受講生たちから積極的な答えが返ってくるようにファシリテートを行い、発言しやすい雰囲気にしてグループワークを進めやすい状態にする。

最近、ゴミが増えている、なんでだろう？

　因果関係を考えるワークは
同じスライドを使って子供た
ちにもやることがあるが、子供
たちからは実に積極的に答え
が返ってくる。答えたことを受
け入れてもらえるのが分かる
と、ますます積極的になり、
時々思いもよらない答えが

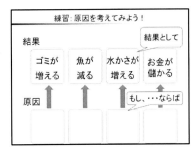

返ってきて発想力のすごさを感じる。一方、大人たちは「間違った
らどうしよう」、「間違ったら恥ずかしい」という理性が先に働いて
しまうのでその壁を壊すことが重要である。

　投げかけにより因果関係を出せるようになったら 4〜6 人を 1 グ
ループとしてグループワークをスタートする。きっかけとなるテー
マ（原因：○○）を起点に、そこから「もし○○になったら結果と
して△△になる」というように考えてもらいながら、原因から起こ
る結果を付箋に記入して因果関係で未来を描いていく。結果として
現れた結果△△が新たな原因となってどんな結果が次に生まれるか
というように広げていく。講師は各グループを回り、受講生の進捗
や状況に合わせ問いかけをしながらグループワークが全員参加で進
むように促す。

ウ　グループワークのテーマ選定

　「因果関係で未来を考える」ためにきっかけとなる出来事を受講
生に決めてもらう。地域や仕事関係で話題になっていることや、時
事ネタなどの候補を用意しておいて、受講生たちに選んでもらうが、
受講生たちが関心を持っていることを聞いて、テーマの提案も受け

付ける。受講生が興味を持っていることの方が真剣に考えてくれやすいからである。

　受講生がブランチに慣れていない場合、テーマは誰もが耳にすることや知見があるものの方が望ましい。知らない受講生がいるとその受講生だけ参加できなくなる可能性が高いからである。やり方を覚えてもらった後は知見が無いことが逆に思いもよらない発言やアイデアの提案に繋がるケースもあるので、積極的に発言する受講生の場合は知見が無いことは問題ないように感じている。

　複数のグループの場合はテーマを各グループ同じものに設定する。グループのメンバーの知見や経験によって出てくる結果も変わってくるのでグループによって未来も変わってくる。ネガティブな受講生しかいないグループだと暗い未来しか見えず、逆にポジティブな受講生しかいないグループだと明るい未来しか待っていないなど結果に違いが表れる所が面白い。

　最近行った静岡県東部の企業の若手従業員向け研修の時のテーマは4つ用意をしていたが最終的に受講生から提案のあった「ドラえもんがいる」となった。

```
グループワーク:因果関係を使って未来を考える

みんなで未来がどうなるか考えよう!

 グループワークのテーマ
 ①リニア新幹線が開通する
 ②三島に高層マンションができる
 ③富士山が噴火する
 ④清掃従業員が辞める
 ⑤ドラえもんがいる
 ⑥
```

エ　グループワークのクロージング

　グループワークが終わった後に必ず各グループが共通のテーマで作った未来を因果関係の読み上げ方の作法（もし○○ならば結果として△△になる）に従って発表してもらう。同じ原因から未来を考えているがグループによって未来が変わってくるので他のグループの受講生たちも興味津々で耳を傾ける。共有することで受講生たちは自分たちのグループの中では意見の出なかったこういう考え方もあるのかと気付く良い機会となる。

　また、作法に従って読み上げてみると論理的な時は他の受講生たちは頷くが、相手に伝わらない（論理的でない）時には聞いている他の受講生たちの「んっ」と言うような表情や首をかしげる場面が見られるので論理的に考えられているかの検証にも繋がる。

　発表と質問の後、各グループの発表したブランチで良くない結果が表れた部分に着目して、悪い結果の原因のところに原因を打ち消す解決策を実施すると悪い結果が良い結果に変わり、未来を良くできるので、問題解決やリスク対策にも使えることを説明して終了する。問題解決の研修の場合は発表したブランチを使って問題解決のグループワークへと繋げていく。

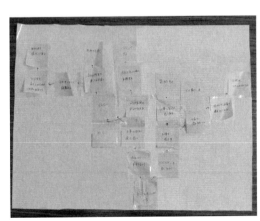

（2）問題解決（ブランチ）：120分

　問題解決を行う時に悪い結果や悪い状況が現れたところすべてに手を打とうとすると限られたヒトという経営資源を様々な問題解決にあてがわなければならず、通常の業務を抱えている従業員は時間外労働が増えて疲弊していく。挙句にどこかの部門が良かれと思って打った手が他部門に悪影響を及ぼして会社全体で見たら終わることのないモグラたたきゲームのようになる。仕事は部門間や従業員同士のつながりによって成り立っているので、悪い現象が起きる原因は、必ずしも悪い現象の起きている部門に原因があるわけではなく上流工程の問題が原因で、つながりのある部門で悪い現象が起こっている場合も多い。因果関係の全体像を捉えて根っこの原因に手を打たない限りモグラたたきは終わらない。そのために因果関係を捉えるブランチを使うと問題の全体像を捉えてどこを最優先で手を打つ必要があるか見極められるため効率的な問題解決ができる。

ア　目的
　・ものごとをシンプルにわかりやすく表せるようになる
　・全体の意味がよくわかるようになる
　・悪い結果を予測し、あらかじめ防げるようになる
　・ものごとを論理的に考える力をつける
　・どの原因を改善すると効率的かわかるようになる

イ　グループワークの進め方
　（1）項の「因果関係で未来を考える」ブランチのように最初にブランチの使い方、ブランチで表した因果関係の説明の仕方を講義する。新入社員・若手従業員向けには「因果関係で未来を考える」

で作ったブランチを、管理職研修ではケースを読んでグループでブランチを作ってから問題解決方法の説明に入る。

　最初に作成したブランチが論理的か検証を行う。検証の仕方を説明して、①あいまいでわかりにくくないか、②本当か、③因果関係があっているか、④ほかに原因がないかの観点で付箋に記入した内容や矢印のつながりに問題がないか検証をする。特に①の部分があいまいな言葉のままだとグループのメンバーによって解釈が異なる場合がある。解釈が異なるまま一致している気になって解決策を見つける作業に入ると必ず手戻りの発生や、もめる原因となるので①の検証は重要である。検証のところではファシリテーションするためのメンバーへの質問の仕方も学ぶ。

　次に問題解決方法の説明をする。そして検証の終わったブランチを使って、グループで問題解決を実施したらブランチがどう変わるかを体験する。根元に近い最初に出てくる悪い結果の表れた部分を見つけ、悪い結果がどうなったら好ましい結果かを考え、悪い結果の付箋に好ましい結果を貼り付ける。そして悪い結果の原因となった①行動や②前提条件を変えることで好ましい結果に変わらないか、③原因を打ち消す解決策を追加することで好ましい結果に変わらないかをグループで考える

　さらに、好ましい結果になるとその先がどうなるか、因果関係を使って未来も書き換えていく。

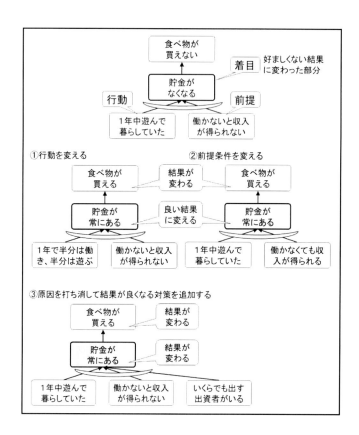

ウ　グループワークのクロージング

　各グループの悪い結果が表れたところはどこか、どういう解決策を行って好ましい結果に変わったかをブランチの作法に従って説明してもらう。さらに好ましい結果のあとの未来がどう変わったかも発表してもらい、気付きや質問を他の受講生や講師から行いさらに思考を深めて終了する。

（3）社長プレゼンを成功させる（ＡＴＴ）：90分

　ある会社の新入社員研修では研修のまとめとして社長の前でプレゼンテーションを実施している。プレゼンテーションをする日は決まっているので、仕事もしながら限られた期間の中でプレゼンテーション資料を指定のパワーポイントにまとめ、きちんとプレゼンテーションするための準備をしなくてはならない。

　そこで、新入社員研修のプログラムの中でアンビシャス・ターゲット・ツリー（ＡＴＴ）を使って「社長プレゼンを成功させる」を目標とした計画作成のグループワークを行っている。計画を作成する場合にゴールから逆算してやるべきことを洗い出していくことが多いが、ＡＴＴでは「社長プレゼンを成功させる」を目標にした時に不安や懸念、障害に感じていることを洗い出すことから始めるアプローチを取るところが特徴となっている。

ア　目的
　・目標を叶えるための手順をシンプルに考える力を付ける
　・立ちふさがる障害をあらかじめ考えて、それぞれの障害にぶつからない、うまい道筋を考える力を付ける
　・目標と今の自分のつながりが見えて、目標達成のためのやる気を高める
　・社長プレゼンを成功させる

イ　グループワークの進め方
　最初にアンビシャス・ターゲット・ツリー（ＡＴＴ）を使って目標達成までの計画作成する手順を説明する。①「障害」を出す、②「中間目標」（障害が取り除かれた良い状況）を出す、③中間目標を

クリアするための「行動」を出す、④目標から遡ってクリアしなければならない中間目標を順番に並べるというステップで進めるが、ステップごとに受講者に問いかけながら受講生がグループワークで発言しやすい状況を整えていく。

そして手順を説明した後に事例を通して一通りの流れをおさらいする。誰もが知っている昔ばなしの「桃太郎」が「鬼が島で鬼退治をする」を目標にＡＴＴで計画作成を行う過程を受講生に問いかけながら実施し、その後4〜6人を1グループとしてグループワークをスタートする。

障害（不安や懸念）	障害の除かれた良い状態
鬼ヶ島の場所がわからない	鬼ヶ島の場所が分かっている
鬼に勝てる気がしない	鬼より強い戦力を持っている
病気で働くことができない	病気にかからない いつも健康康康でいる
仕事に働き甲斐を感じない	仕事に働き甲斐を感じている 働き甲斐を見つけられる
仕事のやり方がわからない	仕事のやり方がわかっている 1人で仕事をこなせる
結婚相手が見つからない	結婚相手が見つけられる 結婚相手がいる

（1）目標: 鬼ヶ島で鬼退治する　by 桃太郎		
（2）障害	（3）中間目標	（4）行動
鬼ヶ島がどこかわからない	場所がわかっている ①	スマホでぐぐる ①
鬼に勝てる気がしない	勝てる戦力を持っている ②	狼、鷹、吉田沙保里を雇う ②
鬼が留守かもしれない	鬼が確実に居る ③	貢物を渡すとアポを取る ③
鬼ヶ島まで疲れそう	疲れずに鬼ヶ島に辿り着く ④	ヘリをチャーターする ④

社長へのプレゼンを作成するのは各新入社員となるが個人ワークではなくグループワークとするのはプレゼン資料の作成やプレゼンテーションスキルにも差があり不安の多い新入社員でもできる人たちの意見を聞ければ個人で悩むより不安がどんどん解消し、プレゼンのハードルがどんどん下げられるからだ。逆にプレゼンテーションスキルのある新入社員の場合、気にしていなかったような不安材料をプレゼンに自信のない仲間から気付かせてもらえる場合もあり、プレゼン準備に必要な項目の漏れも防げる。

講師は各グループを回り、受講生の進捗や状況に合わせ問いかけをしながらグループワークが全員参加で進むように促す。特に中間

目標をクリアするための「行動」を洗い出す時には自分が行う「行動」であることを意識させ、主語を“自分は”として考えさせることが重要である。自分の行動（アクション）に落とし込んでいない限り計画は絵に描いた餅になるからである。

ウ　グループワークのクロージング

　社長プレゼンを成功させるための計画（ATT）が出来上がると各グループの目標達成までに実施する行動とクリアする中間目標をスタートから順番に発表してもらう。すると、自分たちのグループでは出なかった不安や障害に気付き、やるべき項目の漏れを防ぐことができる。

　グループで作成しているのでプレゼンテーションスキルのある受講生からみるとその受講生からは障害とならないような中間目標や行動が出ている場合もあるが、その時はクリアしている中間目標に対する行動を省けばよいだけなのでグループで作成した計画も自分の計画として扱える。

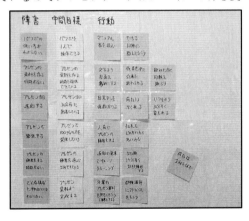

（4）コミュニケーションで対立解消（クラウド）：90分

　若手従業員になってくると新人の時とは違い仕事も覚え、上司や

先輩から任せてもらえる仕事も増えてくる。しかしながら一方で仕事のやり方に対しても自分なりの考えや、前例踏襲でやっていたやり方に疑問を持ってくるものである。日々の仕事で疑問や問題を抱いて改善しようとする姿勢は会社にとっても上司にとっても本来望まれる姿である。

　若手従業員が上司や先輩に今までのやり方を変えようとして提案しても自分は良いと思ったアイデアでもＮＧを食らうことがある。上司や先輩から明確な理由の説明があれば納得できるかもしれないが、納得できる説明がなく不満に感じることもあるだろう。そんな行動（アクション・手段）に対する対立が起きた時に解消するツールがクラウドである。

　人が行動するのはその行動をとることで満たされたい要望が叶うからである。自分自身は良かれと思って起こす行動に反対されるのはその行動をされると反対する人の要望が満たされないと感じるからである。行動の対立が起きた時は相手の要望が何なのかを推察、確認する必要がある。自分が取る行動でも相手の要望が満たされることがわかれば自分の提案も受け入れてもらえる。

　対立を解消するには、まず、対立構造を明確にする必要がある。共通の目的に対して、ある行動を起こす時に対立が起こるので、その行動に隠れている要望を考え、クラウドで表し、対立解消のアイデア出しにつなげていく。

ア　目的

- 対立の状況をシンプルに、みんなにわかり易く、説明できるようにする
- 手段と目的をきちんと分けて、目的達成のために様々な手段を

果敢に考えられるようになる
・対立する相手の主張から、相手の本当の要望を考えることで、相手の立場になって考えられるようになる
・対立した状況でも、それを活用してブレークスルーを考えられる力が付く

イ　グループワークの進め方

　最初にクラウド（対立解消図）の全体像を説明し、①対立している「行動D」、「行動D'」を出す、②「要望B」、「要望C」を考える、③「共通目的A」を考える、④各項目間の仮定（なぜならば）を考えるステップで進める。ステップごとに受講者に問いかけや個人ワークをしてもらいながらやり方を覚えてもらい、受講生がグループワークで発言しやすい状況を整えていく。そしてクラウドが論理的に成り立っているか検証するためのクラウドの読み方を練習する。会社の業種に合わせた事例で手順を一通りおさらいして、１グループ４～６人でグループワークに入る。グループメンバーが個人ワークで考えた対立の中からグループで解消する対立を決める。

　講師はグループを回り、受講生の進捗や状況に合わせ問いかけをしながらグループワークが全員参加で進むように促す。特に「要望」が捉えられていないと感じた時にはクラウ

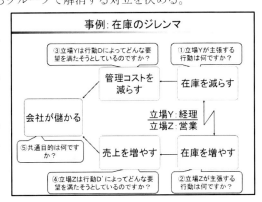

ドを検証する読み方で読み上げ、受講生たちにしっくりこないことに気付いてもらうようにファシリテートする。

　クラウドの形に表した後、クラウドの妥当性があるか論理的かを検証する読み方で読み上げを行い、グループメンバーが納得できるまで修正を加えていく。

　クラウド（対立解消図）が完成したら、①「行動D'」をしても「要望B」が満たせる解決策、②「行動D」をしても「要望C」を満たせる解決策、③「行動D」と「行動D'」を両立させる解決策、④「共通目的A」と「要望B」、「要望C」を満たせる解決策（妙案）のステップで解決策を考えていく。④の妙案が出た時は「行動」で対立していたことが馬鹿らしいと感じる受講生も多いようで、グループワーク後にスッキリした表情になるのが印象的である。

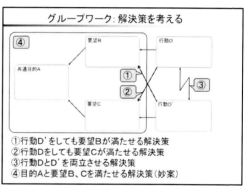

グループワーク：解決策を考える

①行動D'をしても要望Bが満たせる解決策
②行動Dをしても要望Cが満たせる解決策
③行動DとD'を両立させる解決策
④目的Aと要望B、Cを満たせる解決策（妙案）

　対立には自分の心の葛藤である内部対立と自分と相手がいる外部対立があるが、対立する「行動」を出す作業は生活や職場などで普段から実体験しているので簡単に色々出てくるが、「行動」に隠れている「要望」を考えるステップは難しさを感じる受講生が多いようである。特に相手の行動の裏に隠れている要望を見つけ出す作業は推察する力も必要なので大変に感じるようである。

　対立の行動をとっている相手が目の前にいる場合は自分が推察し

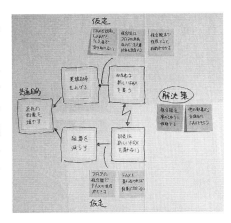

た相手の要望があって
いるか本人に直接問い
かけして確認ができる
ので、相手とコミュニ
ケーションが取れる方
が相手の要望を見つけ
やすい。相手の真の要望
に気づけた時に対立を
解消する素晴らしいア
イデアやソリューショ
ンが生まれる。

ウ　グループワークのクロージング

　各グループの出来上がった対立解消図を作法に従って読み上げて
もらい、その後にグループで決めた解決策を発表する。自分たちが
気付かないような解決策が出てくると聞いている他のグループの受
講生たちからどよめきが起こることがあるが、その瞬間は何とも言
えない心地よい場面である。発表の後、完成したクラウド（対立解
消図）や解決策について気になった点があれば他の受講生や講師か
ら気になった点を質問して、さらに思考を深める。

　最後に対立が起きた場合は相手の要望を考えることと、自分の要
望を相手に伝えることが重要であることを伝えて締めくくる。

４．管理職研修でのＴＯＣツール活用

（１）危険予知訓練（ブランチ）：90分

　危険予知訓練（トレーニング）は、作業や職場にひそむ危険性や有害性等の危険要因を発見し解決する能力を高める手法である。ローマ字読みの頭文字、危険のＫ、予知のＹ、訓練（トレーニング）のＴをとったＫＹＴともよく言われる。

　作業や職場の風景のイラストを見て、危険予知を行う際にブランチを用いて因果関係で表すことで潜む危険因子の全体像が見えるようになる。根本の原因やある条件が加わった時に起こる場合はその条件にならないようにする解決策を考えることができる。

ア　目的

・論理的に未来を予測する力が付く
・起こりうるリスクをあらかじめ考えられるようになる
・リスクを防ぐための対策をあらかじめ考えられるようになる
・部門やチームのリスク意識を高められる

イ　グループワークの進め方

　最初にブランチの使い方、ブランチで表した因果関係の説明の仕方を講義する。その後（社）安全衛生マネジメント協会の危険予知訓練の無料イラストをスライドに投影し、そのイラストから読み取れるリスクとその原因によって現れる悪い結果をブランチで出せるだけ出す。悪い結果の影響度や、起こりうる可能性で優先順位をつける。

　次にブランチの問題解決方法の説明をして、優先順位の高いものから問題解決方法に従って対策を出していく。

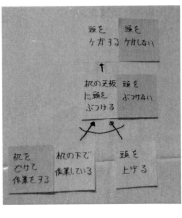

ウ　グループワークのクロージング

　グループで出たリスクのブランチを作法に従って読んでもらい、優先順位を高くしたものについてどういう対策を考えたかを発表する。他のグループのリスクを聞くことで自分たちの気付かなかったリスクへの気付きが得られる。ブランチで因果関係をきちんと考えることが重要であることを伝えて終了する。

（2）他部門の影響を受けずに施策目標達成（ブランチ）：90分

　管理職となると自部門の施策を打ち出し、遂行して結果を出さなければならない。具体的な施策を実行するにあたり、つながりのある他部門に負担がかかる場合や悪影響が出る場合は他部門の抵抗にあい、自部門の施策が計画倒れや、成果は出るものの当初の数値目

標に遠く及ばないなどの結果になることも多々ある。

　具体的な施策を実行する際にブランチを使って未来を予測してリスクを分かっておけば、そのリスクにあらかじめ備え、リスクが発生しない手を打てる。そこでブランチを使って施策遂行のリスクマネジメントを行い、施策の目標を達成できるようにする。

ア　目的
- 自分や自部門の取る行動が周りにどんな影響を与えるか予測する力を付ける
- 自分や自部門の取る行動で起こるリスクを回避できるようになる
- 施策の目標達成のために自部門で取るべき行動が明確になる
- 利害関係者と協働して施策を実行できるようになる
- 自部門の施策目標を達成できるようになる

イ　グループワークの進め方
　最初にブランチの使い方、ブランチで表した因果関係の説明の仕方を講義する。その後、施策の影響しそうな具体的な部門を洗い出し、実行しようとしている具体的な施策または用意したケースの施策をスタートとして未来がどうなるか因果関係で考えていく。その時に影響しそうな各部門がどうなるかを各部門の立場で考える。可能であれば影響する部門にも入ってもらうと予測の精度も高まる。

　そして、各部門のブランチで悪い結果の出ているところにはブランチの問題解決方法を使って解決策を考える。

ウ　グループワークのクロージング

　各グループの作成したブランチを発表し、施策が悪い影響を及ぼす部門への解決策を発表する。他の受講生や講師から質問をして、さらに思考を深めて終了する。

（3）部下の言い訳を自ら解決する行動に変える（ＡＴＴ）90分

　管理職になると部下の仕事や施策目標の進捗状況を確認し、納期通りに仕事が完了し、決められた目標が達成できるようマネジメントすることが大きな仕事の一つである。部内会議や課内会議、朝礼や部下との面談などを通して進捗状況を確認する機会があるが、思うように進んでいない部下の口からは、まず先に言い訳やできない理由が出てくることが多い。やり方などの答えを教えてしまうことは簡単だが、部下の考える機会を奪っては部下の成長に繋がらない。言い訳やできない理由をいう部下が、自ら考え、自ら乗り越えるように管理職としては成長を促す必要がある。そのために、障害や懸念、不安などから目標達成までの道筋を作るアンビシャス・ターゲット・ツリー（ＡＴＴ）は部下に自主的な行動を起こさせ、目標を達成させ、成長を促す有効な手段である。ＡＴＴをうまく管理職が使えるようになると部下のマネジメントに活かせる。

ア　目的

- ・部下の言い訳や不安を行動に変える
- ・部下が自ら考え、自ら行動するように促す
- ・質問で部下の育成と施策目標の達成をする

イ　グループワークの進め方

　最初にアンビシャス・ターゲット・ツリー（ATT）の使い方の説明とミニワークで①懸念などの障害、②中間目標、③中間目標達成のための行動を出す練習をする。また、ファシリテートする時の質問方法を学ぶ。

アンビシャスターゲットツリーを作成するための質問
①「目標は何ですか？」
②「その目標を阻む障害は何ですか？」 　「他にはないですか？」
③「この障害を避けるための中間目標は 　　何ですか？」 　「この障害がどういう状態になったら 　　良いですか？」
④「この中間目標を達成するための手段は 　　何ですか？」
⑤「この中間目標はどういう順序で達成すれば 　　良いですか？」

　2人でペアを組み、一人が上司、一人が部下となり用意してある施策目標から一つを選び、上司から部下に質問をしながら①言い訳や懸念などの障害を出す、②中間目標（障害がクリアされた状態）を出す、③中間目標を達成するための具体的な行動を出すロールプレイを交互に行う。

ウ　グループワークのクロージング

　各ペアの行ったATTを他の受講生に説明する。気づいた点や質問を受講生や講師から行い思考を深めて終了する。

第7章　医療法人等におけるリーダー育成研修

1．はじめに

　中小企業診断士資格の登録及び更新等の際に必要な経営診断、助言等の実務従事の対象に、常時使用する従業員数３００人以下の医業又は歯科医業を主たる事業とする法人（以下、「医療法人等」という。）が令和元年７月３１日新たに実務従事の対象として追加された。

　実務従事の対象拡大は、中小企業診断士として活躍の場が広がることが期待されるが、どのように医療法人等にアプローチすればよいのか、医療法人等に対して中小企業診断士が持つノウハウが活かせるのか、など躊躇する方も多くいると思う。筆者は２０年間医療法人等に対しコンサルティング業務を行ってきた。本稿ではその実績をベースに、医療法人等へのファーストアプローチとして活用している「リーダー育成研修」をまとめたものである。

　医療法人等へアプローチする際の参考になれば幸いである。

2．医療法人等へのアプローチの前に・・・

（1）誰に行うか？

　医療を提供する医療法人等とはどのような組織なのか、そこに働く医療を担う人はどのような使命・特徴を持っているのか、そもそも医療とは何か？など、研修を行う相手を知ることはとても重要である。ここでは、医療を提供する基本法規である「医療法」の各条

文からそれぞれの特徴をおさえてみる。

ア　医療とは？

　医療とは、生命の尊重と個人の尊厳の保持を旨とし、医師、歯科医師、薬剤師、看護師その他の医療の担い手と医療を受ける者との信頼関係に基づき、及び医療を受ける者の心身の状況に応じて行われるとともに、その内容は、単に治療のみならず、疾病の予防のための措置及びリハビリテーションを含む良質かつ適切なものでなければならない（医療法第一条の二）。

　また医療は、国民自らの健康の保持増進のための努力を基礎として、医療を受ける者の意向を十分に尊重し、病院、診療所、介護老人保健施設、介護医療院、調剤を実施する薬局その他の医療を提供する施設（以下「医療提供施設」という。）、医療を受ける者の居宅等において、医療提供施設の機能に応じ効率的に、かつ、福祉サービスその他の関連するサービスとの有機的な連携を図りつつ提供されなければならない。とされている（医療法第一条の二第２項）。

　これらの理念にもとづき、国及び地方公共団体は、国民に対し良質かつ適切な医療を効率的に提供する体制が確保されるよう努めなければならない（医療法第一条の三）とされ、また、この条文と関連し、後述する「医療計画」や「医療費適正化計画」が立案されている。さらに、医師、歯科医師、薬剤師、看護師その他の医療の担い手は４つの立場（「医療の担い手」、「医療提供施設に診療する医師、歯科医師」、「病院又は診療所の管理者」、「医療提供施設の開設者及び管理者」）に応じて次のことが求められている。

①医師、歯科医師、薬剤師、看護師その他の医療の担い手

　医療を受ける者に対し、良質かつ適切な医療を行うよう努めなければならない（医療法第一条の四）。また、医療を提供するに当たり、

適切な説明を行い、医療を受ける者の理解を得るよう努めなければならない（医療法第一条の四第2項）。

　ここで、「適切な説明と医療を受ける者の理解を得るように努める行為」を「インフォームド・コンセント」という。

　「インフォームド・コンセント」は、医師から病状や治療の内容についてよく説明を受け、患者・家族が十分に理解し、また、医療の担い手も患者・家族の意向や生活背景など様々な状況を把握・理解しつつ、患者・家族が説明内容をどのように受け止めたか、どのような医療を選択するかなど、互いに情報共有し、皆で合意するプロセスをいう。

　「インフォームド・コンセント」は、患者の権利（「良質な医療を受ける権利」「選択自由の権利」「自己決定の権利」など）を尊重する行為であり、医療の担い手と患者・家族との信頼関係を構築するうえで重要なプロセスである。

②医療提供施設において診療に従事する医師及び歯科医師

　医療提供施設相互間の機能の分担及び業務の連携に資するため、必要に応じ、医療を受ける者を他の医療提供施設に紹介し、その診療に必要な限度において医療を受ける者の診療又は調剤に関する情報を他の医療提供施設において診療又は調剤に従事する医師若しくは歯科医師又は薬剤師に提供し、及びその他必要な措置を講ずるよう努めなければならない（医療法第一条の四第3項）。

　医療提供施設相互間の機能の分担及び業務の連携は、地域の医療提供施設が自らの施設の実情や地域の医療状況に応じて、医療機能の分担と専門化を進め、医療提供施設同士が相互に円滑な連携を図り、その有する機能を有効活用することにより、患者が地域で継続性のある適切な医療を受けられるようにするものである。

このような機能分化と専門化による効率的かつ質の高い医療提供体制を構築するために「医療計画」（医療法第三十条の四）が導入されている。

　「医療計画」は、医療機能の分化・連携の推進を通じて、地域において切れ目のない医療の提供を実現し、良質かつ適切な医療を効率的に提供する体制の確保を図ることを目的としている。

　医療計画は６か年計画で、現在第七次医療計画（２０１８年～２０２３年）が策定・実行されている。

　第七次医療計画は

（ア）急性期から回復期、慢性期までを含めた一体的な医療提供体制の構築

（イ）疾病・事業横断的な医療提供体制の構築

（ウ）５疾病・５事業及び在宅医療に係る指標の見直し等による政策循環の仕組みの強化

（エ）介護保険事業（支援）計画等の他の計画との整合性の確保

などの観点から策定されている。

　「疾病・事業横断的な医療連携体制の構築」（医療提供施設相互間の機能の分担及び業務の連携を確保するための体制をいう）に関する事項については、がん、脳卒中、心筋梗塞等の心血管疾患、糖尿病及び精神疾患の５疾病（以下「５疾病」という。）、救急医療、災害時における医療、へき地の医療、周産期医療及び小児医療（小児救急医療を含む。）の５事業（以下「５事業」という。）並びに在宅医療を医療計画に定められている。

　５疾病・５事業及び在宅医療については、疾病又は事業ごとに必要となる医療機能を明確化した上で、地域の医療機関がどのような役割を担うかを明らかにし、さらに医療連携体制を推進していくこ

とが求められている。

③病院又は診療所の管理者

　病院又は診療所を退院する患者が引き続き療養を必要とする場合には、保健医療サービス又は福祉サービスを提供する者との連携を図り、当該患者が適切な環境の下で療養を継続することができるよう配慮しなければならない（医療法第一条の四第４項）。

　なお、病院や診療所の管理者は臨床研修等修了医師でなければならない（医療法第十条）。

④医療提供施設の開設者及び管理者

　医療技術の普及及び医療の効率的な提供に資するため、当該医療提供施設の建物又は設備を、当該医療提供施設に勤務しない医師、歯科医師、薬剤師、看護師その他の医療の担い手の診療、研究又は研修のために利用させるよう配慮しなければならない（医療法第一条の四第５項）。

イ　医療提供施設

　医療提供施設のうち、病床２０床以上の入院施設をもつものを「病院」、それ未満のものを「診療所」と呼んでいる。

　「病院」とは、医師又は歯科医師が、公衆又は特定多数人のため医業又は歯科医業を行う場所であって、傷病者が、科学的でかつ適正な診療を受けることができる便宜を与えることを主たる目的として組織され、かつ、運営されるものでなければならない（医療法第一条の五）。

　「診療所」は、医師又は歯科医師が、公衆又は特定多数人のため医業又は歯科医業を行う場所であって、患者を入院させるための施設を有しないもの又は十九人以下の患者を入院させるための施設を有するものをいう（医療法第一条の五第２項）。

また、医療法上いくつかの病院類型（「地域医療支援病院」「特定機能病院」「臨床研究中核病院」）が規定されている。

　まず、地域における医療の確保のための必要な支援を行う病院として、「地域医療支援病院」が規定している（医療法第四条）。

　「地域医療支援病院」は、医療施設機能の体系化の一環として、患者に身近な地域で医療が提供されることが望ましいという観点から、紹介患者に対する医療提供、医療機器等の共同利用の実施等を通じて、第一線の地域医療を担う、かかりつけ医、かかりつけ歯科医等を支援する能力を備え、地域医療の確保を図る病院として相応しい構造設備等を有するものについて、都道府県知事が個別に承認している。

　次に「特定機能病院」は、高度の医療を提供する能力、高度の医療技術の開発及び評価を行う能力、高度の医療に関する研修を行わせる能力、医療の高度の安全を確保する能力を有する病院として、厚生労働大臣の承認を得て「特定機能病院」と称することができる病院である（医療法第四条の二）。

　また、「臨床研究中核病院」は臨床研究の実施の中核的な役割を担う病院として、厚生労働大臣の承認を得て「臨床研究中核病院」と称することができる（医療法第四条の三）。

ウ　非営利組織

　医療法において、原則として病院・診療所（以下「医療施設」という。）は営利を目的として開設することはできない（医療法第七条第六項）。

　この非営利性の原則は、医療はかけがえのない生命、身体の安全に直接関わるだけに、これら営利企業にゆだねるのは適当ではないという視点によるもので、言い換えれば「医療事業を経済上の利益

獲得を目的としないで行動すること」が求められている。

　ここで、医療を業とする非営利事業は経済上の利益を目的としないなら、医療施設は何を目的とするかの問いがでてくる。

　それは理念（ミッション、ビジョン、バリュー）の達成そのものである。医療施設は、その組織が担う医療事業の目的を最大限に発揮させるように構築されるものといえる。ただ、非営利は利益を目的としないで活動することと定義したが、非営利といえども利益獲得は行う。なぜなら、営利・非営利に関係なく、事業・組織の維持・安定のためには、最低限の財政基盤確保が必要だからである。非営利といえども赤字続きで事業・組織の継続は出来ない。営利にとって利益獲得行為は「目的」であるのに対し、非営利にとって利益獲得行為は理念遂行の「手段」である。この点の認識が重要と言える。

エ　医療法人制度

　昭和25（1950）年、医療事業の経営主体を法人化することにより、個人による医療機関経営の経済的困難を緩和し、医療事業の永続性を確保するとともに、法人格取得の途を開き、資金の集積を容易にし、医療事業経営の非営利性を損なうことなく、医療の安定的普及を図るため、医療法により「医療法人」という法人類型が創設された。

　医療法人の最も基本的な区分として、「社団たる医療法人」と「財団たる医療法人」がある。

　社団たる医療法人（以下、「社団医療法人」）は、持分の有無という観点から、「持分あり医療法人」と「持分なし医療法人」に区分することができる。

　「持分」とは、「定款の定めるところにより、出資額に応じて払戻し又は残余財産の分配を受ける権利」をいう（医療法法附則平成一

八年六月二一日法律第八四号第十条の三第３項第二号括弧書参照）。

①持分あり医療法人

「持分あり医療法人」とは社団医療法人であって、その定款に「持分」に関する規定を設けているものをいい、平成１９年施行の第五次医療法改正により、持分あり医療法人の新規設立はできなくなった。しかし、既存の持分あり医療法人については、当分の間存続する旨の経過措置がとられており、これらを「経過措置医療法人」と呼ばれる。

「持分あり医療法人」の中には「出資額限度法人」という類型があり、社員資格を喪失した場合の払戻額や解散時の残余財産の分配額につき、払込出資額を限度とする旨を定款で定めている社団医療法人をいう。

平成２６年施行の医療法改正により、「持分あり医療法人」であって「持分なし医療法人」へ移行しようとするものは、移行計画を厚生労働大臣に提出してその移行計画が適当である旨の認定を受けることができることとされた。この認定を受けた経過措置医療法人は「認定医療法人」と呼ばれる。なお、持分なし医療法人への移行は、医療法人の任意の選択によるものであり、移行は強制されるものではない。

②持分なし医療法人

「持分なし医療法人」とは、社団医療法人であって、その定款に持分に関する規定を一切設けておらず、かつ、現に持分が一切存在しないものをいう。

第五次医療法改正により、平成１９年４月１日以後に社団医療法人を新規設立する場合は、持分なし医療法人しか認められないこととなった。

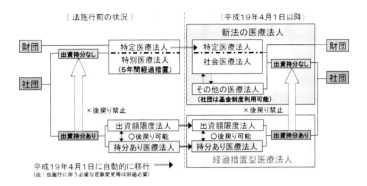

所載：厚生労働省「改正医療法施行に伴う医療法人の移行」

　「持分なし医療法人」の中には、「基金拠出型医療法人」、「特定医療法人」、「社会医療法人」、「一般の持分なし医療法人」という類型がある。紙面の都合上、「基金拠出型医療法人」、「特定医療法人」に関して触れる事はできないが、平成１９年に新設された「社会医療法人」について触れておく。

　「社会医療法人」とは、医療法人のうち、医療法第四十二条の二各号に掲げる要件に該当するものとして、政令で定めるところにより都道府県知事の認定を受けたものをいう。

　第五次医療法改正において新設された類型で、社団医療法人でも財団医療法人でも認定対象となり得るが、社団医療法人については、持分なし医療法人であることが必要となる。

　「社会医療法人」の認定要件は厳格だが、その認定を受けると、本来業務である病院、診療所及び介護老人保健施設から生じる所得について法人税が非課税になるとともに、直接救急医療等確保事業に供する資産について固定資産税及び都市計画税が非課税になるな

ど、税制上の優遇措置を受けることができる。また、医療法法第四十二条の二において厚生労働大臣が定める業務（収益業務）を行うことや社会医療法人債（医療法第五十四条の二の規定に基づいて社会医療法人が発行する債券）を発行することが認められる。

（2）どんな研修を行うか？

医療法人等へ行うリーダー育成研修を企画するうえで、日本の医療制度の特徴や医療法人等を取り巻く環境をおさえておく必要がある。ここでは日本の医療の特徴である「国民皆保険制度」と、医療を取り巻く環境変化を起こしている「医療費適正化計画」と「地域医療構想」について取り上げる。

ア　国民皆保険制度

日本の医療制度の大きな特徴は「国民皆保険制度」である。１９６１年に国民健康保険法が改正され、国民皆保険制度が確立された。日本の国民皆保険制度の特徴は、

（ア）全国民が公的医療保険（健保組合、協会けんぽ、共済組合、国民健康保険、後期高齢者医療制度）に加入し、お互いの医療費を支え合うことで全国民が平等に保険医療を受けられる（国民皆保険制度）。

（イ）「誰でも」「どこでも」「いつでも」医療機関を選べる（フリーアクセス）。

（ウ）少額の医療費負担で高度な医療が受けられる。

　が挙げられる。

このような医療制度の特徴は、誰もがいつでもどこでも安心して医療を受けることができ、それが現在の長寿社会の実現、健康寿命の延伸に大きく寄与してきたといえる。

しかし、昨今では、人口の高齢化に加え、医療の高度化などによ

り、医療費（国民が１年間に病気やけがの治療のために医療機関に支払う医療費の総額）が増加の一途をたどっており、２０１８年度に医療機関に支払われた概算医療費（労災や全額自費などを除いた医療費の速報値）は４２兆６０００億円で、前年度に比べて約0.3 兆円の増加となっている。

	２６年度	２７年度	２８年度	２９年度	３０年度
医療費（兆円）	４０.０	４１.５	４１.３	４２.２	４２.６
医療費の伸び率（％）	１.８	３.８	▲0.4	２.３	0.8
受診延日数の伸び率（％）	▲0.3	0.2	▲0.7	▲0.1	▲0.5
１日当たり医療費伸び率（％）	２.１	３.６	0.3	２.４	１.３
医療費７５歳未満（兆円）	２３.４	２４.２	２３.９	２４.１	２４.０
医療費７５歳以上（兆円）	１４.５	１５.２	１５.３	１６.０	１６.４

所載：厚生労働省「平成３０年度　医療費の動向」

　年代別の医療費の内訳では、７５歳以上の医療費が年々増加している。この医療費を支える現役世代の負担があまりにも重く、このままでは国民皆保険制度を持続させていくことができなくなる深刻な問題となっている。

イ　医療費適正化計画

　このような現状において医療費の伸びを抑え、国民皆保険制度の持続可能な運営を確保するため、２００６年の医療制度改革で計画的な医療費の適正化対策を推進する仕組みが導入された。

　この計画は６年を１期として、国において医療費適正化基本方針を定めるとともに、都道府県において医療費適正化計画を定め、目標達成に向けて取り組みを進めることとされ、現在第三期医療費適

正化計画（２０１８～２０２３年度）が進められている。

　第三期の医療費適正化計画では、入院医療費では都道府県の医療計画（地域医療構想）に基づく病床機能の分化・連携推進と、外来医療費では、糖尿病の重症化予防、特定健診・保健指導の推進、後発医薬品（ジェネリック医薬品）の使用促進、医薬品の適正使用による取り組みが挙げられている。

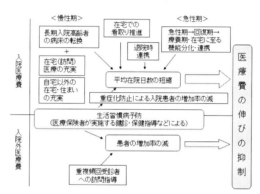

所載：厚生労働省「各種取組と医療費適正化の関係」

ウ　地域医療構想

　超高齢社会にも耐えうる医療提供体制を構築するため、２０１４年６月に成立した「医療介護総合確保推進法」によって、「地域医療構想」が制度化された。

　「地域医療構想」は、将来推計人口をもとに２０２５年に必要となる病床数（病床の必要量）を４つの医療機能（高度急性期、急性期、回復期、慢性期）ごとに計上した上で、病床の地域偏在、余剰又は不足が見込まれる機能を明らかにし、地域の実情を共有し、地域の

医療関係者の協議（地域医療構想調整会議）を通じて病床の機能分化と連携を進め効率的な医療提供体制を実現する取り組みをいう。

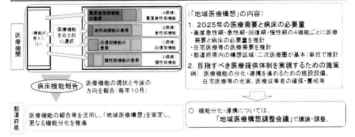

所載：厚生労働省「地域医療構想の概要」

医療機能の名称	医療機能の内容
高度急性期機能 現状 　2013年 19.1万床 必要病床数推計結果 　2025年 13.0万床	● 急性期の患者に対し、状態の早期安定化に向けて、診療密度が特に高い医療を提供する機能 ※高度急性期機能に該当すると考えられる病棟の例 救命救急病棟、集中治療室、ハイケアユニット、新生児集中治療室、新生児治療回復室、小児集中治療室、総合周産期集中治療室であるなど、急性期の患者に対して診療密度が特に高い医療を提供する病棟
急性期機能 現状 　2013年 58.1万床 必要病床数推計結果 　2025年 40.1万床	● 急性期の患者に対し、状態の早期安定化に向けて、医療を提供する機能
回復期機能 現状 　2013年 11.0万床 必要病床数推計結果 　2025年 37.5万床	● 急性期を経過した患者への在宅復帰に向けた医療やリハビリテーションを提供する機能。 ● 特に、急性期を経過した脳血管疾患や大腿骨頚部骨折等の患者に対し、ADLの向上や在宅復帰を目的としたリハビリテーションを集中的に提供する機能（回復期リハビリテーション機能）。

慢性期機能 現状 　2013 年 35.2 万床 必要病床数推計結果 　2025 年 24.2〜 　　　　　28.5 万床	● 長期にわたり療養が必要な患者を入院させる機能 ● 長期にわたり療養が必要な重度の障害者(重度の意識障害者を含む)、筋ジストロフィー患者又は難病患者等を入院させる機能

所載：厚生労働省「医療機能の名称と医療機能の内容」筆者加筆

　各機能別に２０２５年に必要病床数の推計結果は回復期機能以外削減が示されており、この結果を踏まえ、各医療機関は病床数の削減や病床機能の見直しが求められることとなる。

３．リーダー育成研修のニーズ

　医療法人等のリーダー育成研修のニーズを考察するにあたり、医療法人等に働く職員や組織の特徴について整理する。なお、ここでのリーダーは医療法人等組織内の中間管理職を想定している。

（１）医療法人等に働く職員・組織の特徴

　まず、医療法人等に働く職員の特徴として、

（ア）ライセンスを必要とする専門職集団である。

（イ）職員は総じて学習意欲が高い。

（ウ）職員は自身の専門性を高めるために職務内容への共感で医療法人等を選ぶ傾向が大きく、医療法人等への帰属意識が一般的に希薄である（そのため離職率が高い）。

（エ）職員の多くは人のために働きたいという意識が高い。

　次に医療法人等の組織の特徴としては、

（ア）医療法人等に働く医師や看護師など配置人数の基準が医療法などによって定められている。

（イ）多くの職種について法律に基づいた資格ごとの業務範囲が定められている。

（ウ）医療法人等の組織構造の特徴としては、院長をトップとした
　　　資格ごとの職能別構成を基本とする組織図が描かれている
　　　ことが多い。

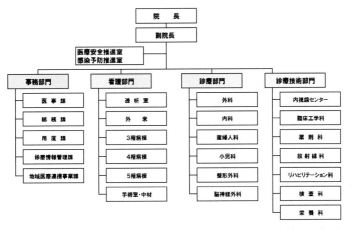

病院の一般的な組織図例

（エ）指揮命令系統は職能組織における縦割り集団となっており、
　　　医療安全・感染予防に関する組織横断的活動があるものの、
　　　横の連携が概して弱い。
（オ）医療法人等における人材管理（雇用、教育・訓練、労務管理、
　　　モチベーション管理）は、専門職集団における職能組織毎の
　　　自己管理機能に依存する傾向が見られ、組織としての管理手
　　　法が発達しているとはいえない（職種横断的な人事労務管
　　　理・組織管理ができていない）。
　以上のことから、多くの医療法人等の課題としては国家資格を持
つ高い専門性を持つ集団であることから、その専門性を患者のため

に活かしたいという意識が高く、そのための知識習得意欲が高い一方で、その高い専門性と組織構造から多職種との連携が総じて弱く、帰属意識も低いことから組織内のコミュニケーション向上と帰属意識向上（離職防止）が課題となっている。

（2）医療法人等の課題解決に向けたリーダーに求められる能力

　帰属意識を高め離職防止を努めるには、職員の高い職務意識に着目し、「やりがいのある仕事」を与えることで、戦略的に人材をつなぎとめることができる。給与面だけでなく、精神的な満足感・充実感を得られるような仕事を提供し続けるかぎり職員の流出は食い止められる。そのために職場のリーダーは、職員に対し、達成感（仕事で自分の力を遺憾なく発揮し、達成感を得ることが出来る）や意義（仕事内容は組織に貢献する有意義なものである）が感じられるように職員を支援していくことが求められる。

　「達成感」や「意義」が感じられる仕事の割り当てとして「チーム医療」が挙げられる。

　「チーム医療」とは、専門スタッフが、各々の高い専門性をバラバラに提供するのではなく、医療安全の向上と専門スタッフの負担軽減を目的とした医療の標準化と組織的連携による効率化により、患者の状況に的確に対応した医療を提供する活動をいう。

チーム医療名と活動概要	チームメンバー
栄養サポートチーム 　栄養管理を、症例個々や各疾患治療に応じて適切に実施すること	医師、歯科医師、薬剤師、看護師、管理栄養士 等
感染制御チーム 　院内で起こるさまざまな感染症から患者・家族、職員の安全を守るために活動	医師、薬剤師、看護師、管理栄養士、臨床検査技師 等
緩和ケアチーム 　がんと診断された時から、病気や治療に伴うつらさを和らげる医療やケアを提供	医師、薬剤師、看護師、理学療法士、ＭＳＷ 等

チーム医療名と活動概要	チームメンバー
口腔ケアチーム 　入院患者の口腔衛生の改善・維持を行うことで、合併症予防やQOL向上を図り円滑な医療の提供を支援する	医師、歯科医師、薬剤師、看護師、歯科衛生士　等
呼吸サポートチーム 　人工呼吸器を装着している患者への管理方法の標準化と人工呼吸器からの早期離脱、質の高いケア提供を目的とする	医師、薬剤師、看護師、理学療法士、臨床工学技士　等
摂食嚥下チーム 　栄養状態、食事の状態、口の中の衛生状態をチェック・評価し、食べる機能の回復や肺炎を防止、日常生活における活動性の向上を目指す	医師、歯科医師、薬剤師、看護師、管理栄養士、言語聴覚士　等
褥瘡対策チーム 　褥瘡のある患者のベッドサイドに訪問し、褥瘡の処置、保護の方法及び環境調整について指導や助言を行うことでケアの向上を図る	医師、薬剤師、看護師、管理栄養士、理学療法士　等
周術期管理チーム 　侵襲の高い手術や合併症のある方、高齢者など、手術前後のリスクが高いと考えられる患者を対象に、より安心して手術を受けられる環境づくりを行う	医師、歯科医師、薬剤師、看護師、臨床工学技士、理学療法士　等

所載：厚生労働省「チーム医療の推進に関する検討会報告書」著者加筆

　チーム医療は多職種が協力して、患者の健康の維持、回復、促進などを目的とし、お互いの専門性を活かし、サポートしていく活動である。この目的達成のために、チームメンバーの「目的達成能力」の育成が必要である。

　「目的達成能力」として以下の4つの能力育成が必要である。

（ア）課題設定能力：現状を分析し目的や課題を明らかにする力

（イ）課題解決能力：課題の解決に向けたプロセスを明らかにし準備する力

（ウ）職務遂行能力：目的・課題達成目標を設定し確実に行動する力

（エ）対人能力：多様な人々とともに、目標に向けて協力する力

このような目的達成能力の育成の第一歩として、チームのリー

ダーが仕事を通じて系統立てて課題を与え、その役割を担わせることが大事である。

　役割を与えられるということは、その役割達成を期待されるということであり、人の期待に沿う、人の役に立つということは自己肯定感を高め、その感情は、役割をやり遂げるエネルギーとなる。やり遂げた結果、達成感や有能感（自己肯定感）を味わうことができる。加えて、患者や家族から感謝の言葉などが得られれば、自分が行ったことが決して自己満足ではなく、患者・家族に必要なことだったのだという感覚がさらに高まる。このように自信をつけさせ、「意欲」や「主体性」を育てるのが、目的達成能力向上の第一ステップとなる。「意欲」や「主体性」が高まれば、どのように役割を果たすべきかを自ら考えるようとなり、状況から課題を発見し、自発的に解決するようになる。

　自発的に課題発見が繰り返されることで、その力が高まり、創造的思考も使われ、「課題解決能力」が高まるようになる。

　この創造的思考は、チーム内で共同化（個人の経験知をチームの経験知に変換）することで、メンバーの持つ知識・ノウハウがチームのものとして捉え直しやすくなるとともに、チームメンバーとの相互理解が進み、課題解決への協力が得やすくなる。

　したがって、チーム活動を通じてメンバーとの関係性やコミュニケーションが重要となり、リーダーはメンバー同士の関係性やコミュニケーションを高めるために「コーチング」や「チームビルディング」などの対人能力を身につける必要がある。

（3）医療法人等リーダーへの研修内容

　職員を育成するうえで、仕事への動機づけは大変重要となる。

　「この組織は何のために存在しているのか（ミッション）」、「どん

な価値を提供しているのか（バリュー）」、「どんな未来を創造したいのか（ビジョン）」を伝える必要がある。つまり、仕事への動機づけのためには、「理念」の理解が重要となる。

　そのために医療法人等の経営管理者は、医療政策（医療法改正等）や地域の医療需要（人口動態や他の病院機能等）を鑑みて理念の作成・見直しや理念実現に向けた戦略の立案が必要となる。

　経営管理者は「理念」を組織内に浸透させることで、経営管理者の考えが各部門責任者から各科職員までが日常の行動や判断において同じ方向を向き、理念達成に向けて進んでいくものとなる。

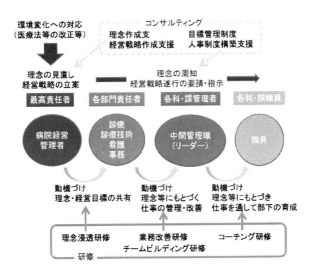

　このような理念浸透のための仕掛けとしては、理念の理解から人事評価へつなげる一貫性のある仕掛けづくりが必要となる。

我々中小企業診断士のコンサルティング業として、理念作成から理念実現のための経営戦略の作成、戦略達成のための目標による管理制度の導入、目標の達成度・貢献度に応じた人事評価制度の構築支援が求められる。参考までに、理念作成から人事評価制度構築までのコンサルティングフロー図を示す。

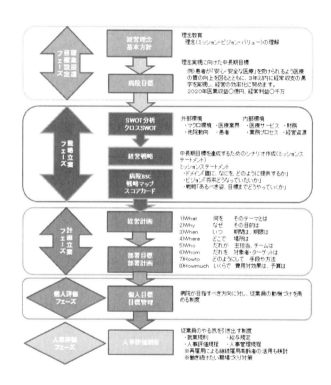

　このような制度が円滑の機能するためには、職員の意識改革や改善手法の理解、職員を指導するコミュニケーション技術の習得など

が必要となる。

　職員の意識改革として、理念の理解である。ただの理解ではなく、自分ごととして捉えることが重要である。

　「理念」は以下の要素をもつ。

　「ビジョン」・・・・地域、患者、家族、職員と目指す未来

　「ミッション」・・・なぜそれをやるのか、社会的意味、動機

　「バリュー」・・・・組織がもたらす価値や約束

　このように構成される理念を理解することで、リーダーは理念から求められるあるべき姿や、理念を実現することで、組織がどのような変化が起こるのかが語れるようになり、また、その実現に向けて各職員がどのような貢献ができるのかコミットメントすることができるようになる。

　リーダー育成研修では、理念教育としてグループワークを通じて理念理解の促進を図る。筆者はその研修フレームワークとして「モア・レスシート」「Ｗａｎｔｓ／Ｃｏｍｍｉｔｍｅｎｔシート」を活用している。

　「モア・レスシート」では病院管理者から理念について、ミッション、ビジョン、バリューの視点から説明を受けた後、参加者同士で、理念実現に向けて求められるリーダー像について話しあい、合意を得たのち、そのようなリーダーが増えることで、組織内に増えること（モア）や減るもの（レス）をブレーンストーミング方式で意見を出し合い、そこから理念を実現することで得られる価値や魅力を考えていく。

　さらに、理念達成に向けて自分ごととするためのフレームワークとして「Ｗａｎｔｓ／Ｃｏｍｍｉｔｍｅｎｔシート」を利用する。

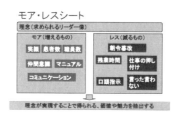

モア・レスシート

Wants／Commitmentシート

　「Ｗａｎｔｓ／Ｃｏｍｍｉｔｍｅｎｔシート」をリーダーが作成し、リーダー同志約束を共有し、リーダー自身の目標設定につなげていく。

　また、理念達成に向けた経営戦略の遂行は、既存のやり方では達成が困難な場合がある。業務プロセスを見直し「ダラリ」をなくす事が必要となる。

　「ダラリ」とはムダ・ムラ・ムリを無くすことである。限られた経営資源を効率的に活用するために「ムダ」を無くし、医療サービスの安定的な品質確保のため「ムラ」を無くし、安全な医療サービスを提供するために「ムリ」をしないことが重要である。

　リーダー育成研修ではこのような「ダラリ」の視点から研修を行う。例えば「ムダ」を無くす視点での研修では、業務効率の７つの着眼点を解説し、日頃感じている無駄と感じる業務の洗い出しと効率化の提案をグループワークで行ってもらう。

　提案された効率化案については、「即実施できるもの」「内容を詰める必要があるもの」に仕分けを行い、優先順位を決めるとともに、実施にあたっての条件（上長の承認、他部門との調整、必要予算の確保など）も整理する必要がある。

着眼点	効率化の視点
①廃止	ムダと思われる業務をやめる。もしくは中断して様子をみる
②簡素化	仕事の目的に合わせて進め方や形式を簡素化する（ムリをなくす）
③ＩＴ化	これまで手作業で行ってきた仕事のＩＴ化を進める
④標準化	最も望ましいやり方に統一する（バラつきをなくす）
⑤集中・分散・共有	1箇所にまとめて処理したり、作業を分担し別々に進めたり、作業を共有化し属人化を防止する
⑥アウトソーシング	費用対効果に照らし合わせて外部に委託する
⑦サービスレベルの引き下げ	仕事の丁寧さ（こだわり）に歯止めをかける（ムダ・ムラをなくす）

　このような業務効率化のアイデアを部下から提案してもらうために、また、経営戦略に対し意欲をもって実行してもらうために、「コーチング」を活用する。「コーチング」は、部下の持つ力やヤル気を最大限に引出し、組織に貢献させ、部下のパフォーマンスを向上させることができるコミュニケーションスキルである。

　「コーチングスキル」には「基本スキル」と「会話を組みたてるスキル」に分けられる。「基本スキル」には「承認」「傾聴」「質問」「フィードバック」「リクエスト」の５つのスキルで構成される。これらの５つの基本スキルは、相手との深いコミュニケーションを図る上でとても大切なスキルではあるが、これらの基本スキルだけでは、コーチングが機能するとまではいかない。コーチングを機能させるためには「会話を組立てるスキル＝コーチングプロセス」が必要となる。コーチングプロセスと５つの基本スキルを駆使することで、相手の自発的行動を、効果的に促すことができるようになる。

　コーチングプロセスには、①「目標設定」②「現状把握」③「課題の抽出」④「期間の設定」の４つのステップが必要となる。

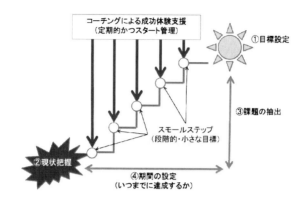

コーチングによる成功体験支援
（定期的かつスタート管理）

①目標設定

③課題の抽出

スモールステップ
（段階的・小さな目標）

②現状把握

④期間の設定
（いつまでに達成するか）

　コーチングプロセスでは、コーチ役となるリーダーは、大きな目標を見せて、部下に実現できる、とその気にさせる事を意識した会話を組み立てていく。また、実現するために何が課題なのかを認識させ、それをいつまでに実現したいのかを明確にしていく。目標達成のための行動にあたっては、小さな成功体験が自己肯定感を高め、課題達成の推進力となる。コーチは小さな目標設定を支援し、その進捗を管理し、支援していく役割を担う。

　コーチング研修では、5つの基本スキルとコーチングプロセスを学んだ後、目標管理制度において実践し、定期的な振り返りを研修のなかで行っていく。

　最後に「チームビルディング研修」について説明する。

　職員が主体的に個性や能力を最大限発揮しながら、組織の理念を全員が理解し、一人では成し遂げられない目的や目標が達成できるよう、職員一丸となって目標達成を目指す組織づくりの取り組みをいう。

　ここでは参考として、実際に行った研修企画書を掲載する。

4．最後に

　医療法人等の人材は経営を左右するくらい重要である。しかし、一般企業から見れば大変遅れている組織である。多職種、国家免許を有する人材が働き、お互いのテリトリーを守り、横断的組織としては欠けている。

　経営管理者は医療政策や地域需要が年々変化していくなか、環境変化に対応した地域に密着した医療サービスを提供しなければならない。また、働く職員が望む職場環境を整備するために、組織の改善、改革を行い、働きがいのある職場を提供し、そこでの人間形成を育むことが大切である。人材育成も医療の質・医療安全を念頭に、時代の変化に対応した育成が求められる。

　我々中小企業診断士は、医療を取り巻く環境を把握した中で、地域に根差した医療を永続的に提供できる組織づくり貢献できるものと期待されている。

研修企画書

団体名		NO

研修名	研修対象
『チームビルディング』〜グループからチームへの変遷を体験する〜	全職員・全職種

実施(予定)日	人数	時間数	会場・場所
	30 人程度	4 時間程度	

研修のねらい/目的

組織目標を達成するためには、多職種がチームとして機能することでよい成果を出すことができます。
本研修では多職種メンバーの相互理解を活発化させるワークを中心に、組織パフォーマンスが高まっていく「グループ」から「チーム」への変遷について体験を通して学びます。

期待する成果・結果

チーム作りに必要な考え方、捉え方、リーダーシップのとり方。チームとしての自分自身の意識と行動(主体性)を身につける。
出来事(成功や失敗)を情報としてとらえ、冷静かつ客観的(感情的にならず)に考え、行動する力。
チームして目標に向けて意見を出し合い、他者の意見に耳を傾け、判断・選択・意見の取り入れ、行動すること。
チームで目標に向かう楽しさ、その過程での学びや目標達成した時の喜びや感動を体験。

研修の進め方/特徴

チームの成長法則「タックマンモデル」を中心に、「フォーミング(形成期)」「ストーミング(混乱期)」「ノーミング(規範期)」「トランスフォーミング(変態期)」の各ステージの特徴を、体験を通じて学びます。
各ステージに必要なチーム能力について体験を通じて学びます。

使用する教材・機材

机、椅子、スクリーン、プロジェクター、ホワイトボード、ホワイトボードマーカー、B5用紙、メジャー、ストップウォッチ

研修プログラム

プログラム解説

1. アイスブレイク

多職種で集まった参加者を和ませ、コミュニケーションがとりやすい雰囲気を作り、そこに集まった参加者が目的の達成に積極的に関わってもらえるよう働きかけます。

2. ディスカッションワーク①

チームとグループの違いについてディスカッションを行い、自分たちの所属している部署がチームかグループなのか、チームになるために何が欠けているかを気づいてもらいます。

3. アクティビティ①

チームのなかで自分自身の意識がどこにあるか、「あり方」の状態について気付くことでチームに対してどのような行動をとることが重要かを学びます。その中で他者との関わり方やコミュニケーションのあり方について自己認識し、「チームとして成果に向かうこと」の重要性に気付くことができます。他者から言われて動くのではなく、自身が主体性を持って課題に取り組むことの重要性も学びます。指示をする人、指示を受ける人の双方のバランスが、納得性の高いプロセスを生むことを実感することができます。

3-1. 振り返り

アクティビティ①の振り返りを行います。
キーワードは「一体感、肯定的コミュニケーション、他責と自責」について振り返りを行います。

4. ディスカッションワーク②

良いチームとは何か、良いチームに必要なこと、不要なことをディスカッションします。

5. アクティビティ②

複雑な課題を決められた時間内で達成するためには、思考の柔軟性と多様なアイディアが求められます。そういった状況で、自分の判断がどれだけ通用するかのか、さらに、必要性があれば他者からの支援も得るということを体験できます。他者から言われて動くのではなく、自身が主体性を持って課題に取り組むことの重要性を学びます。指示をする人、指示を受ける人の双方のバランスが、納得性の高いプロセスを生むことを実感することができます。

5-1. 振り返り

アクティビティ②の振り返りを行います。
キーワードは「全員参加、アイディアの創出、強い合意形成」について振り返りを行います。

6. ディスカッションワーク③

リーダーとリーダーシップの違いについてディスカッションを行います。

7. アクティビティ③

チームビルディングのまとめとして、経営シミュレーションを行います。チームに必要な要素である「コミュニケーション」を通じて目的の共有、タスクの明確さ、タイムマネジメントを学びます。

7-1. 振り返り

アクティビティ③の振り返りを行います。
今日の学びの振り返りを行い全体で気づきのシェアを行います

作成	
年　月　日	

あとがき

　教育訓練・研修に興味を持たれ、本書を手に取られた貴方との出会いに感謝いたします。

　失われた10年が20年となり、今では30年になろうとしています。景気低迷の中、経営改革を必死に進めている企業の手助けになればと、志をもった5名が人材育成・研修にターゲットを絞った本書を出版する行動を起こしました。

　5名は昨年、東京都中小企業診断士協会・中央支部の認定マスターコース「プロ講師養成講座」19期生として一年間同窓として集い、TWI（監督者訓練）から管理者研修（マネジメントスキル・ヒューマンスキル）に亘って、当講座の理念「物事の本質を見極め伝える」を学び、同じ思いを持った仲間との相互啓発でよりスキルアップをした有志であります。

　企業経営で最重要な経営資源は「人」につきます。この人をいかに育成していくかは、企業の責務でもありかつ企業成長の原動力であります。

　執筆者5名はそれぞれがガス・建設・IT・卸売・銀行・医療業界出身で、大企業や中小企業の業務現場で、泥臭い実戦を積み重ねた経験をバックボーンに中小企業へ支援を実践しています。

　また、中小企業診断士として、変化に対する感性、本質をとらえる知性を磨き、上流（経営理念）から現場作業までそれぞれの専門分野で、企業に合わせた研修・コンサルを積み重ねています。

　企業教育の基本として「しらない」（知識がない）、「できない」（技能がない）、「働かない」（やる気がない）の3つの「ない」を、研修・訓練を通して、理解し実感させ、あるいは体感をさせて、内発的動

機づけによりモチベーションを上げる研修を実施しています。

　興味のある研修のどの章からお読みいただいても、十分にお役に立てるものとなっています。

　経営がうまくいかない理由は、社員が働かないのではなく、働かないようなマネジメントをしている結果であります。

　本書が本格的な知識社会に突入した現在、「人」を大切にする貴方の会社において、人材育成の重要課題である研修・教育訓練へ、多少の参考にならんことを祈念いたしております。

　　　　　一般社団法人 東京都中小企業診断士協会・中央支部　認定
　　　　　マスターコース「プロ講師養成講座」代表幹事　大野 敏夫

著者紹介

上井光裕

かみい　みつひろ

石川県生まれ　64歳　第1章～第3章担当

中小企業診断士、エネルギー管理士、甲種ガス主任技術者、1級土木施工管理技士、1級管工事施工管理技士、エグゼクティブ・コーチほか保有資格430

石川工業高専土木工学科卒業、産能大情報マネジメント学部在学中

東京ガス㈱に35年在籍　ガス導管の建設・維持管理、IT化、地震対策、緊急保安・人材育成　などを歴任

退職後、人材育成を専門とする中小企業診断士として独立、アップウエルサポート合同会社代表、エネルギー業界・建設業界の人材育成、企業研修・企業診断、資格試験の取得支援を実施、東京診断士会人財開発研究会代表、プロ講師養成講座6年間在籍

講師歴：建設会社所課長研修、測量設計会社次世代管理職候補研修、同新入社員研修、同中堅社員研修、建設会社・ガス会社コンプラ・リスク研修、同目標管理研修、商工会議所OJT・コーチング研修ほか

執筆：新・中小企業診断士の実像（同友館）、そうだったのか！中小企業経営（三恵社）、「資格の達人ブログ」累積3百万アクセス

著者紹介

岩出　優

いわで　ゆう

東京都生まれ　39歳　第4章担当

イワデ株式会社 CocoroManagements 代表取締役
Cocoro+ HR Consulting 代表
東海大学付属浦安高校卒業、東海大学工学部卒業

中小企業診断士、特定社会保険労務士、経営心理士、心理カウンセラー、NLP マスタープラクティショナー

24歳で社会保険労務士試験合格後、大手印刷会社の健康保険組合で7年間、会計事務所内の社会保険労務士法人で5年（所長として4年）人事業務に従事。所長就任当時100%の離職率を0%に、4年連続120%超の業績向上を達成。計1,000件を超える相談対応のかたわら、心理学の学びに傾倒する。趣味はカラオケとボイスパーカッション。歌とボイスパーカッションのトレーニングの一環で始めたランニングでは、目標達成の心理技法を使い、2018年東京マラソンを2時間57分で完走。モットーは「本質の追求」「まじめにふざける」

2019年、1877年に文具卸売業として創業した家業を事業承継。6代目代表に就任。「未来に挑む中小企業の組織づくりをストイックに支援する」をミッションとし、業態を経営学と心理学を合わせた企業支援業に変更し再出発。

講師歴：健康保険事務担当者研修、建設会社管理職研修、医療機関コミュニケーション研修、チームビルディング研修、カスタマージャーニーマップ研修　ほか

著者紹介

品川　充哉

しながわ　みちや

東京都生まれ　５７歳

第５章担当

中小企業診断士、ＣＦＰ
早稲田大学法学部卒業

　大学卒業後大手金融機関に１５年勤務して外国為替業務、国際金融業務、プロジェクトファイナンス等の業務に従事。東京及び海外（英国ロンドン、スイスチューリヒ）にて勤務を経験した。
　２０００年６月に大手通信会社に転職後は欧米、中国、アジアの通信会社との出資を含む戦略事業提携のプロジェクトマネージャーや米国現地法人社長を歴任。

　講師歴：社内研修（新入社員向け研修、部内研修、キャリア研修等を担当）

　執筆：「最新アメリカ金融入門」（日本評論社刊）共同翻訳に参加

著者紹介

和氣俊郎

わけ としお

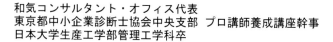

奈良県生まれ　52歳

第6章担当

和気コンサルタント・オフィス代表
東京都中小企業診断士協会中央支部　プロ講師養成講座幹事
日本大学生産工学部管理工学科卒

中小企業診断士、TOC-ICO 登録 Jonah（思考プロセス）、
TOC Learning Connection Facilitator（TOC fE）

　東芝テック㈱で 24 年間 POS システム事業の保守サービスパーツ供給部門の責任者として需要予測、需給計画、受発注管理、在庫管理、倉庫管理、出荷・売上管理、輸出管理、ＩＴ化、サプライチェーンの改善、5S、人材育成など組織のマネジメントに従事。セカンドライフ支援制度を利用して、TOC のツールを使い人材育成をしながら経営改革・業務改善を行う中小企業診断士として独立。学生時代は東京ディズニーランドでカストーディアルキャスト（掃除）を演じていた。

講師歴：
清掃会社若手従業員研修、測量設計会社チームビルディング研修、システム開発会社働き方改革研修、金型製造会社 5S 研修、地方自治体 KPI・目標設定研修、創業セミナー講師ほか

著書（共著）：
効率経営からおもてなし経営の時代へ（同友館）、そうだったんだ！中小企業経営（三惠社）、たった1枚の紙で誰でも意思決定できてしまうブレイン・コネクト（三惠社）、コンサルタントのフレー

著者紹介

齋藤暁

さいとう　あきら

宮城県生まれ　４８歳　第７章担当

保有資格：中小企業診断士、社会保険労務士、国家資格キャリア
コンサルタント、産業カウンセラー、医業経営コンサルタント

経　　歴：東北学院大学工学部機械工学科修士課程卒業。
　平成８年株式会社ムトウに入社。平成１１年日鋼記念病院に２
年間出向し、病院経営を学ぶ。現在、株式会社ムトウ　コンサル
ティング統括部の責任者として、医療機関への新築移転・増改築・
開業支援や第三者評価取得支援、経営改善、人材育成など業務に
従事。
　その他、東京都医療勤務環境改善支援センター　医業経営アドバ
イザー、東京都社会保険労務士会医療労務管理支援事業等運営特
別委員会　委員として活動。

講 師 歴：北海道医師会研修講師、日本医療機器販売業協会継続
的研修講師、あきない総研理論政策更新研修講師、医療機関等へ
の接遇マインド研修、倫理研修、コンプライアンス研修、管理職・
リーダー研修

調査研究：中小企業診断協会北海道支部「北海道における中小病
院に関する調査研究」、日本医業経営コンサルタント協会北海道支
部「北海道における医療ＩＴ整備状況に関する調査研究」

そうだったんだ！中小企業研修

2020年1月31日　初版発行

編　著	上　井		光　裕
著　者	岩　出		優
	品　川		充　哉
	和　氣		俊　郎
	齋　藤		暁

定価（本体価格1,700円＋税）

発行所　　株式会社　三恵社
〒462-0056 愛知県名古屋市北区中丸町2-24-1
TEL 052 (915) 5211
FAX 052 (915) 5019
URL http://www.sankeisha.com

ISBN978-4-86693-168-5 C1034 ¥1700E